창업을 준비하는 창업가를 위한 창업도서

나혼자 창업

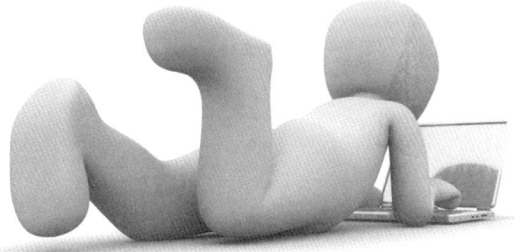

장열정 지음

창업 추천도서

1인사업학교 장열정 회장의 나 혼자 창업이야기와 깨달음
"세계적인 기업의 시작도 1인사업이었다."
"혼자서 작게 시작해도 크게 성공한다."

백배
미디어

차례

머리말 _ 당신도 나 혼자 창업으로 인생역전하라 _ 9

01 나 혼자 창업으로 인생역전하다

천만 원 창업과 1억 창업이 있다? _ 13
장열정이 말하는 나 혼자 창업이란? _ 17
나 혼자 창업으로 인생역전하라 _ 19

02 성공하는 창업과 실패하는 창업

창업에 실패하는 이유가 있다 _ 31
잘못된 창업은 기회가 아닌 위기다 _ 35
다른 사람의 말로 시작되고 말로 끝난다 _ 37
여기저기 끌려 다니다가 끝난다 _ 41
문제가 생겼을 때 스스로 해결할 수 없다 _ 43
3년마다 한 번씩 바꾼다 _ 45
프랜차이즈를 버리고 평생 직업을 가져라 _ 47
창업아이템은 이미 당신 안에 있다 _ 51
당신의 사업 스타일을 정하라 _ 57
이것이 창업 성공의 비결이다 _ 59

03 창업과 사업이 무엇인지 아는가?

창업과 사업에 대해 명확히 알라 _ 61
1인창업과 1인사업에 대해 명확히 알라 _ 65
1인출판과 1인미디어에 대해 명확히 알라 _ 69
창업과 사업에 필요한 기본 원리들 _ 75
장열정의 나 혼자 창업 스토리 : 아이템 _ 83
장열정의 나 혼자 창업 스토리 : 제품 _ 89
장열정의 나 혼자 창업 스토리 : 매장 _ 93
장열정의 나 혼자 창업 스토리 : 마케팅 _ 97
장열정의 나 혼자 창업 스토리 : 세일즈 _ 101

04 나 혼자 창업은 쉽다

나 혼자 창업하기 쉽다 _ 103
나 혼자 사업하기 쉽다 _ 107
나 혼자 제품을 만들기 쉽다 _ 111
나 혼자 매장을 운영하기 쉽다 _ 115
나 혼자 마케팅하기 쉽다 _ 117
나 혼자 세일즈하기 쉽다 _ 119

05 직장에서 조용히 나 혼자 창업하라

직장에서 조용히 나 혼자 창업하라 _ 121
직장을 그만두는 그 날을 준비하라 _ 123
직장에서 내가 원하는 시기에 나오기로 결단하다 _ 125

직장 생활은 안정된 생활이 아닌 시한부 생활이다 _ 129
사장은 놀러 다니고 나는 죽어라 일만 했다 _ 131
나는 직장에서 내 사업을 준비했다 _ 135
직장에서는 내 책을 쓸 생각을 하지 못했다 _ 137
직장에서 투잡을 한 이야기 _ 139
사장 모르게 준비한 창업을 공개하다 _ 141
당신의 창업을 위한 환경을 만들라 _ 143
밖에서만 인정받지 말고 자신과 가족에게 인정받아라 _ 145
직장에서 내 생각은 버려지고 사업에서는 제품이 된다 _ 147
창업은 인생을 역전시킨다 _ 151
내게 직장 생활은 감옥생활과 같았다 _ 155
독립할 때 큰 축복과 기적이 쏟아진다 _ 159
누군가 당신의 이야기를 기다린다 _ 163

06 성공하고 행복하기 위해 생각을 바꿔라

꿈과 믿음이 있으면 행복한 미래가 열린다 _ 167
하루를 살아도 부자처럼 살아라 _ 169
혀가 아닌 몸을 생각하며 음식을 먹어라 _ 173
성공한 사람들은 포기를 모른다 _ 175
포기하고 싶을 때 알아야 할 지혜 _ 179
장열정의 지혜 _ 183
럭셔리 사업을 하면 억만장자가 된다 _ 185
내가 원하는 행복은 내 안에 있다 _ 187
하고 싶은 일을 마음껏 할 때 행복하다 _ 191
건강한 음식을 먹고 건강한 삶을 살 때 행복하다 _ 193
일어나지 않은 일 때문에 걱정하며 고통받지 마라 _ 195
부요가 내 안에서 터져 나올 때 행복하다 _ 199
간절히 열망하고 움직이면 크게 성공한다 _ 201

성공과 행복을 원한다면 용기가 필요하다 _ 203
문제를 아주 작은 먼지처럼 여겨라 _ 205
의사 결정과 실천을 동시에 하라 _ 207
이루면 행복하고 미루면 후회한다 _ 209
천국같이 살다가 천국으로 가라 _ 213

"앞으로 나 혼자 창업 시대가 열릴 것이다.
100세 시대에 창업은 선택이 아닌 필수다."

- 장열정 -

[머리말]

당신도 나 혼자 창업으로 인생역전하라

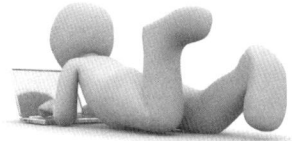

과연 인생역전이 가능할까요?

나는 나 혼자 창업으로 인생역전했습니다. 나 혼자 창업으로 꿈을 이뤘습니다. 부요를 누리고 건강하게 살고 있습니다. 당신도 인생역전을 꿈꾼다면 이 책에서 말하는 대로 창업하십시오.

나는 나 혼자 창업을 하기 전에 직장을 세 번이나 옮겨 다녔고 자영업도 했으며 수많은 창업을 시도했습니다. 큰 꿈을 가지고 시작했던 자영업은 처음부터 난관에 부딪혔습니다. 시작부터 수억의 돈을 투자해야 했기 때문입니다. 그렇게 나는 투자한 돈을 회수하기 위해 자영업을 운영했습니다.

내가 가진 돈과 부족한 나머지 돈은 빌려서 화려하게 자영업을 시작했습니다. 내 돈과 시간을 다 투자했습니다. 내 모든 것을 걸고 자영업에 전념했습니다. 수개월 동안은 잘 됐습니다. 대박집 사장님이었습니다. 그런데 대박집이 쪽박집으로 되는 건 한순간이었습니다. 손님이 올 때는 한꺼번에 몰려서 오고 손님의 발길이 끊길 때는 직원이 내 눈치를 봐야 했습니다.

"조금만 더 버텨 보자. 조금만 더"라고 외치며 매일 적자 운영을 감수하고 버티다가 포기하게 되었습니다. 그렇게 나는 자영업의 세계에서 빠져 나왔습니다. 쪽박집이 되는 순간 하루라도 더 빨리 자영업의 세계에서 빠져나오고 싶었지만 그럴 수 없었습니다. 자영업 세계에서 빠져 나오는 데에만 1년이 걸렸습니다.

그러던 내가 나 혼자 창업의 길로 들어서게 되었습니다. 나 혼자 창업은 내 인생에 빛이 되었습니다. 나 혼자 창업은 자영업과는 많이 달랐습니다. 나 혼자 창업에서는 꼭 필요한 매장, 인테리어, 가맹비, 직원 등이 없이도 사업을 할 수 있었습니다.

나는 1인사업으로 자영업에서 누리지 못했던 것을 누리고 있습니다. 꿈을 이루고 시간이 자유롭고 부요하고 행복을 누리는 삶을 살고 있습니다.

나는 1인사업으로 내 제품을 내가 만들어 팝니다. 자영업은 제품을 떼다가 팔아야 했습니다. 판매 가격에서 제품 값을 빼면 얼마 남지 않았습니다. 수입이 적을 수밖에 없었습니다.

나는 1인사업으로 럭셔리 사업을 합니다. 자영업에서는 저렴한 제품을 많이 팔아야만 많은 수입이 났지만 1인사업은 하나를 팔아도 럭셔리 수입을 올릴 수 있었습니다.

당신도 창업을 하려고 합니까?

나는 많은 사람들의 창업과 사업을 도왔고 지금도 돕고 있습니다. 그들은 내게 이렇게 말합니다.

"평범한 직장인에서 사업가가 되었습니다."
"끌려 다니는 프리랜서에서 사업가가 되었습니다."
"자영업을 졸업하고 성공하는 사업가가 되었습니다."
"아줌마에서 존경받는 작가와 사업가가 되었습니다."
"은퇴를 기다리지 않고 지금부터 사업을 준비합니다."
"나 혼자 창업으로 미루던 꿈을 이루며 살고 있습니다."
"성공하는 길, 행복한 길, 부자가 되는 길을 갑니다."

당신도 이 책을 읽고 당신의 새로운 인생을 시작하십시오. 당신의 나 혼자 창업으로 당신의 100세 인생을 준비하십시오. 인생은 꿈대로 됩니다.

2017년 3월 30일
장 열 정

제1부 "나 혼자 창업으로 인생역전하라" - 장열정
천만 원 창업과 1억 창업이 있다?

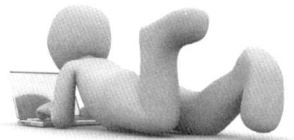

당신은 큰돈을 들여 창업하고 싶습니까? 작게 시작해서 크게 성공하고 싶습니까?

나는 나 혼자 창업으로 작게 시작해서 크게 성공했습니다. 아무 것도 없이 시작해서 내가 원하는 꿈을 이뤘고 부요를 누리며 자유롭고 가족과 행복하게 살고 있습니다. 당신도 가능합니다.

작게 시작해서 크게 성공하는 길이 있습니다. 창업을 할 때 돈을 얼마나 투자하는지도 중요합니다. 또한 사업을 운영하면서 얼마를 벌 수 있는 지도 중요합니다. 이것은 사업을 지속하느냐 아니면 창업에서 끝나는 지를 결정하는 핵심이기도 합니다.

이제 자영업의 시대는 갔습니다. 자영업은 크게 투자해서 매일 아주 작은 수입을 벌기 때문에 3년도 못 버티고 끝나는 사업의 형태가 되었습니다.

하지만 여기에 은퇴자들과 창업자들이 몰리면서 이 길이 유일한 탈출구이자 희망이 되었습니다. 하지만 그 희망은 절망이 되고 있습니다. 너무나 안타까운 현실입니다.

나 혼자 창업에서 이야기하는 장열정의 1인사업이 앞으로의 시대를 이끌어 갈 창업모델이 될 것입니다.

당신은 돈을 어떻게 벌고 있습니까? 돈 버는 방법을 바꾸면 당신의 인생이 바뀔 것입니다. 창업은 돈 버는 방법을 바꾸는 것입니다. 당신도 돈 버는 방법을 바꾸십시오.

돈을 버는 방법은 두 가지가 있습니다. 취업과 창업입니다. 그 중에서 창업이 돈을 많이 버는 길입니다. 그동안 수많은 사람들이 허접한 방식으로 창업을 했기 때문에 "창업은 안전하지 않아"라고 말합니다. 아닙니다. 작게 시작하는 나 혼자 창업은 안전합니다.

"창업은 성공하는 길입니다."
"창업을 작게 시작해서 크게 성공하는 방법이 있습니다."
"자영업도 장열정이 말하는 사업시스템으로 하면 성공합니다."
"모든 분야에서 장열정의 사업시스템으로 하면 성공합니다."

당신도 나 혼자 창업으로 당신이 원하는 꿈을 이루고 당신의 사업을 크게 성공시키는 사업가가 되십시오. 나 혼자 창업으로 당신의 인생이 역전될 것입니다.

제 1 부 "나 혼자 창업으로 인생역전하라" - 장열정

장열정이 말하는 나 혼자 창업이란?

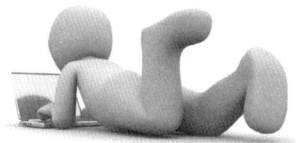

당신은 어떤 창업을 준비하고 있습니까?

나는 나 혼자 창업으로 창업에 성공했습니다. 창업에 성공하여 안정적인 사업시스템을 갖춰 내가 원하는 인생을 살고 있습니다.

내가 그토록 찾던 창업을 하게 되었습니다. 나는 수많은 창업을 했습니다. 그 방법들은 다 허접했습니다. 시작은 할 수 있었지만 3년도 유지하기 힘들었습니다.

이 책에서 이야기하는 나 혼자 창업은 평생직업이 됩니다. 왜냐고요? 작게 시작해서 크게 성공하기 때문입니다. 당신이 가장 잘하는 일로 창업을 하기 때문입니다. 당신만이 할 수 있는 사업이 되기 때문입니다. 어떻습니까?

100세 시대에 창업은 선택이 아닌 필수입니다. 직장에서 은퇴하면 나머지 50년을 창업으로 돈을 벌어야 하는 시대가 되었습니다. 준비하지 않은 은퇴자들은 자영업으로 수억의 빚을 지고 있습니다. 큰 사회적 문제가 되고 있습니다. 당신은 어떻습니까?

그럼 나 혼자 창업이란 무엇일까요?

나 혼자 창업은 당신이 잘 할 수 있는 일로 사업의 시스템을 갖추는 것을 말합니다. 창업에서 성공하는 사업이 되려면 당신이 잘 하는 일이어야만 합니다. 남다른 아이디어가 있어야 합니다. 당신만이 할 수 있는 일로 사업시스템을 갖추면 성공합니다.

나 혼자 창업이 가능한 분야는?

나 혼자 창업은 어떤 분야도 가능합니다. 혼자서 할 수 있는 사업이면 어떤 것도 가능합니다. 큰 공장과 수많은 직원들이 처음부터 필요하지 않는 사업은 어떤 분야도 어떤 시스템도 가능합니다.

나 혼자 창업에서 필요한 것이 무엇이 있을까요?

나 혼자 창업에서 필요한 것은 세 가지입니다. 창업은 생각보다 간단합니다. 창업은 시작하는 것을 말하기 때문입니다. 창업에서 사업이 되기 위해서는 시스템이 필요합니다. 대부분 창업을 너무나 어렵게 생각합니다. 이것이 가장 큰 걸림돌입니다.

창업이 쉬워야 성공합니다. 창업이 자유로워야 무언가를 해볼 수 있지 않겠습니까? 나는 창업을 가장 쉽게 합니다. 창업을 두려워하거나 머뭇거릴 이유가 없습니다.

장열정이 말하는 세 가지만 있으면 됩니다.

첫째, 자영업보다 아주 적은 창업자금
둘째, 창업시스템을 갖출 수 있는 노트북
셋째, 성공할 때까지 포기하지 않겠다는 성공마인드

어떻습니까? 이 정도는 당신도 갖추고 있지 않습니까? 당신도 언제든지 창업할 수 있습니다. 창업에서 사업이 되려면 준비해야 할 시간이 필요합니다.

쉬운 창업이니 미루지 말고 지금부터 시작하십시오. 창업할 때 단기적인 마인드와 장기적인 마인드가 필요합니다. 단기적인 마인드는 몇 가지 목표를 두고 이루려는 목적이 필요합니다. 장기적인 마인드는 사업의 큰 그림을 그리고 꿈과 비전을 이루는 것을 말합니다. 둘 다 있어야 합니다. 나는 당신에게 말합니다.

창업을 위한 단기적인 목표를 가지십시오.
사업을 위한 장기적인 비전을 가지십시오.

당신의 창업을 성공하고 싶습니까?

그렇다면 누구와 함께 어떤 시스템을 갖추는 지가 가장 중요합니다. 혼자 할 수 있다면 혼자 뜨거운 열정을 가지고 진행하면 됩니다. 창업을 배울 수 있다면 배워야 성공합니다.

창업과 사업은 시스템입니다. 아이템이 아닙니다. 아무리 좋은 아이템이 있어도 시스템이 성공적이지 못하면 그 아이템은 사라집니다. 그렇게 수많은 창업이 무너졌습니다.

하지만 시스템이 튼튼한 창업과 시스템이 성공적인 사업은 세계적인 기업이 되었습니다. 창업과 사업은 창조와 혁신입니다. 나는 이 말을 가장 쉬운 말로 계발이라고 말합니다.

당신의 창업은 계발됩니다. 당신의 사업도 계발됩니다. 처음에는 작게 시작하지만 시스템을 갖추면 시간이 갈수록 크게 성공하게 됩니다. 계발은 없던 것이 생기고 작은 것이 커지는 것입니다.

지금부터 이 책에서는 창업의 시스템과 성공하는 사업에 대해 이야기할 것입니다. 내 이야기와 깨달음을 담아 놓았습니다. 이 책을 읽고 당신의 창업에 대해 다시 한 번 생각하십시오. 지금 자영업과 사업을 하고 있다면 더욱 좋습니다. 깨닫는 시간이 됩니다.

지혜와 깨달음을 얻어 당신의 창업을 성공시키십시오. 그리고 세계적인 사업가가 되십시오. 당신의 인생이 역전되는 유일한 길을 바로 창업입니다. 나 혼자 창업이 당신의 인생역전의 시작이 될 것입니다. 당신의 창업을 응원합니다.

당신은 세계적인 사업가입니다.

제1부 "나 혼자 창업으로 인생역전하라" - 장열정

나 혼자 창업으로 인생역전하라

당신도 인생역전을 꿈꿉니까?

나는 나 혼자 창업으로 인생역전했습니다. 내 꿈을 이뤘습니다. 부요해졌습니다. 지혜로워지고, 건강해지고, 평안을 누리고, 행복을 누리고 있습니다.

내가 직장인일 땐 꿈을 이룰 수 없었고 부요는 생각도 못했습니다. 월급만 받는데 어떻게 부요해질 수 있겠습니까? 또한 시키는 대로 하니 지혜로울 수도 없었습니다.

나는 직장 생활을 하며 건강을 잃었습니다. 스트레스를 너무나 받았기 때문입니다. 그러니 평안할 수도 없었습니다. 꿈도 못 이루고 부요, 지혜, 건강, 평안을 누리지 못하는데 행복할 수 있었겠습니까? 그런데 나는 나 혼자 창업으로 꿈을 이루고 부요해지고 지혜로워지고 건강을 누리며 평안히 살고 있습니다. 너무나 행복합니다.

나는 1인사업으로 행복을 누리고 있습니다. 당신도 누릴 수 있습니다. 내가 말하는 1인사업을 당신도 한다면 당신도 꿈을 이루게 됩니다. 부요해집니다. 지혜로워집니다. 건강해집니다. 평안을 누리게 되고 행복한 삶을 살게 됩니다.

나는 매일 행복합니다. 저절로 행복하단 소리가 나옵니다.

나 혼자 창업으로 꿈을 이루고 부요를 누리다

나는 1인사업으로 꿈을 이뤘습니다. 내 꿈은 책을 써내는 것이었습니다. 또한 내가 사람들 앞에서 강연하는 것이었습니다. 내가 원하는 제품을 만들어 파는 사업가, 내가 원하는 고객을 만나는 사업가가 되고 싶었습니다.

사업에 성공해 자산을 구축해 아파트, 집, 땅을 사고 싶었습니다. 예술가의 길, 리더의 길도 가고 싶었습니다. 나는 1인사업으로 이 모든 것을 누리고 있습니다.

나는 책을 써냈습니다. 작가가 되었습니다. 한 권이 아닌 계속해서 써내고 있습니다. 한 달, 두세 달에 한 권씩 내가 원하는 책을 마음껏 출간하고 있습니다.

나는 내 강연을 내 스스로 엽니다. 또한 책을 써내고 한 달 만에 유명한 대학교에서 강연을 했습니다. 그 외에도 수많은 창업단체, 정부기관, 대학에서 강연 요청이 계속 오고 있습니다.

어떻게 이런 요청이 끊임없이 올까요? 내가 책을 써낸 작가이고 나를 퍼스널 브랜딩을 했기 때문에 강연을 요청하는 것입니다. 강연은 전문가에게 요청합니다. 나는 책을 써내고 전문가로 인정받았습니다. 강연을 하며 내 가치를 높였습니다.

책을 써내고 강연을 하는 데서 그치지 않았습니다. 나는 제품을 만들어 팝니다. 제품은 무엇입니까? 고객이 필요해서 돈을 내고 사는 것을 말합니다.

나는 작가, 강연가, 사업가, 자산가, 예술가에게 필요한 제품을 만들어 팔고 있습니다. 지금 당신이 보고 있는 이 책도 내 제품입니다. 내 시혜와 깨달음을 당신이 보고 읽고 깨닫고 있습니다. 장열정의 천재적인 제품입니다. 이것이 전부가 아닙니다. 다른 제품도 많이 만들고 있습니다.

나는 사업만 하지 않습니다. 사업에서 벌어들인 돈으로 자산을 구축하고 있습니다. 자산이 자동화되어 돈이 저절로 들어오는 시스템을 가졌습니다.

나는 예술가의 길을 갑니다. 책 한 권, 사진 한 장, 그림 한 장, 높은 가치를 매겨 파는 길을 갑니다. 내 꿈이 이뤄진 것입니다. 나는 이렇게 리더의 길을 가고 있습니다. 나는 과거부터 리더의 길을 너무나 가고 싶었습니다. 내겐 과거에 나이가 많은 사람만 리더가 될 수 있다는 편견이 있었습니다. 그것이 아니었습니다.

작가가 되고 강연가가 되고 사업가, 자산가, 예술가가 되니 리더가 되었습니다. 위치를 바꿨더니 리더가 되었습니다. 내 꿈이 1인사업으로 이뤄졌습니다. 너무나 행복합니다.

기적이 일어났습니다. 내게만 일어나는 일이 아닙니다. 1인사업을 하면 당신도 누리게 될 기적입니다. 1인사업으로 당신의 꿈을 이루십시오.

나 혼자 창업으로 부요를 깨닫다

1인사업으로 부요를 깨닫게 되었습니다. 한 달에 한 번 월급이 아닌 매일 돈을 벌 수 있는 시스템이 생겼기 때문입니다. 나는 직장인일 때 한 달에 한 번 월급을 받았습니다. 가끔 성과를 잘 내면 인센티브를 받았습니다. 그런 직장에서 부요는 꿈도 못 꿨습니다. 혹시 당신도 그렇지는 않습니까?

정해진 월급이 있습니다. 그리고 간혹 보상을 받습니다. 그럼 1년에 내가 벌 수 있는 돈이 정해진 것입니다. 그래서 돈을 더 많이 벌려면 투잡을 해야 하고 다른 일을 해야 합니다.

그래도 한계가 있습니다. 그렇게 10년이 지난다고 생각해보십시오. 그럼 당신이 앞으로 10년간 얼마의 돈을 벌 수 있는지 계산이 될 것입니다.

나는 두 번째 직장까지 120, 150만 원을 받았습니다. 150만 원을 10년간 받는다고 생각해보면 어떨까요? 각종 세금을 제외하고

10개월씩만 계산해 보았습니다. 1년이면 1500만 원, 10년이면 1억 5천만 원을 벌게 됩니다.

그럼 10년간 그 정도의 돈을 벌면 무엇을 살 수 있을까요? 집 살 수 있습니까? 못 삽니다. 대출을 다 갚을 수 있겠습니까? 물론 대출은 부자가 되면 더 많아집니다. 하지만 부자들이 대출을 다루는 방식은 다릅니다.

대부분의 사람들은 대출 이자를 갚느라 쩔쩔매지만 부자는 대출을 활용해 더 많은 돈을 벌고 돈이 돈을 벌어 오게 합니다. 나는 이 깨달음을 얻고 큰 충격을 받았습니다.

나는 1인사업으로 부요를 깨달았습니다. 내가 제품을 만들어 내가 제품을 파니 한 달에 벌 수 있는 월급을 하루에도, 한 시간에도 벌 수 있게 되었습니다.

난 내 첫 책 '1인창업으로 억만장자가 되라'를 써내고 한 달도 되지 않아 강연 요청을 받았습니다. 한 시간 강연에 수백만 원을 벌었습니다. 강연하기 전 오가는 차비, 사전 회의 참석 비용도 수십만 원을 받았습니다.

한 달 동안 고생해야 벌 수 있는 돈을 하루, 한 시간 만에 벌었습니다. 1인사업을 했더니 이런 결과를 얻게 되었습니다. 부요는 사업을 통해 이루게 됩니다. 깨달았습니까?

매일 통장에 돈이 들어오는 시스템이 있어야 합니다. 당신이 직장인이든, 학생이든, 주부든, 프리랜서든 상관없습니다. 지금부터 그 시스템을 준비하고 지금부터 갖는 것이 중요합니다. 나는 당신에게 말합니다.

"당신도 1인사업을 하면 매일 돈을 벌 수 있는 시스템을 가지게 됩니다. 지금 당신에게 돈이 자동으로 들어오는 시스템이 없기 때문에 부요를 알지도 깨닫지도 누리지도 못하는 것입니다."

당신도 내게 1인사업 코칭을 받으면 부요를 알게 됩니다. 아는 것을 넘어 깨닫고 누리며 당신의 인생이 역전됩니다. 당신도 장열정의 1인사업코칭에 등록해 당신도 시스템을 가지고 1인사업을 시작하십시오. 당신의 인생이 역전됩니다.

나 혼자 창업으로 지혜를 깨닫고 건강해지다

나는 1인사업으로 건강해졌습니다. 나는 건강하지 않은 사람인 줄 알았습니다. 허약하고 체력도 약하고 끈기가 없고 지구력이 없는 사람인 줄 알았습니다. 그랬던 내가 사업을 하고 완전히 바뀌었습니다. 내가 원하는 일을 하고 원하는 사람을 만나고 원하는 인생을 사니 나는 건강해졌습니다.

직장 생활을 할 때 거짓말을 해서라도 어떻게든 아픈 척을 해서 조금이라도 쉬고 싶었습니다. 하루라도 더 쉬고 싶었습니다. 잠을 조금이라도 더 자려고 했습니다.

내가 스스로 아픈 사람이 되고 있었습니다. 때론 책임감이 없는 사람으로 보여지기도 했습니다. 하지만 그 모습은 내가 아니었습니다. 내가 원치 않은 일을 하고 원치 않은 사람을 만나고 원치 않은 행동과 말을 하고 있으니 그렇게 된 것이었습니다. 이 사실을 뒤늦게 깨달았습니다.

1인사업을 시작한 난 이제 끝까지 책임집니다. 내게 온 고객을 끝까지 책임집니다. 내 제품을 끝까지 책임집니다. 책임지는 삶을 사니 잠도 푹 잡니다. 스트레스가 없어졌기 때문입니다.

이젠 어떻게 하면 내일 조금이라도 더 쉴까 고민하지도 않습니다. 매일 즐겁게 일하고 출퇴근도 자유롭습니다. 내가 원하는 일을, 그토록 하고 싶던 일을, 간절하고 절박했던 일을 하고 있기 때문에 너무나 행복하게 매일 매일을 보내고 있습니다.

직장에 다닐 땐 싼 음식, 대충 먹는 음식을 먹었습니다. 주어진 음식을 정해진 시간에 먹어야 했습니다. 퇴근 후엔 집으로 가지도 못하고 억지로 회식을 해야 했습니다.

좋아하지도 않는 술과 건강에도 나쁜 음식을 먹었습니다. 그랬더니 건강했던 내 몸이 아파졌습니다. 음식도 내가 다스리는 것이 아닌 그저 주는 대로 먹으니 건강하지 않은 것입니다.

건강은 잘 먹고 푹 자고 행복하고 평안하면 얻게 됩니다. 이 세 가지가 되지 않기에 건강을 잃는 것입니다. 그렇지 않습니까? 주변을 돌아보십시오.

아픈 사람이 있습니까? 그 사람이 잠을 잘 잡니까? 음식을 잘 먹습니까? 맛있다고 다 좋은 음식이 아닙니다. 음식에 대한 지혜가 있어야 합니다. 혀에 달콤하고 짭짤한 음식이 좋은 음식이 아닙니다. 내 뱃속의 장기에 좋은 음식이 건강해지는 음식입니다. 핵심을 깨달아야 합니다.

나는 1인사업으로 내 인생의 소중함을 깨닫고 내 건강을 위해 연구했습니다. 그리고 알게 되었고 깨닫게 되었습니다.

내가 원하는 사람을 만나고 원하는 시간에 일하니 스트레스가 완전히 사라졌습니다. 1인사업으로 인생이 역전되었습니다. 예전으로 돌아가고 싶지 않습니다. 내게만 있는 일일까요? 아닙니다.

장열정과 함께하는 1인사업가들도 누리고 있습니다. 내가 그렇게 코칭하고 있기 때문입니다. 정말 행복해 합니다. 자신의 인생을 진짜 즐기고 있습니다.

당신도 1인사업으로 건강해지십시오. 인생은 사업이 전부가 아닙니다. 사업은 인생의 일부분일 뿐입니다. 건강이 무너지면 아무 것도 할 수 없습니다.

책도 못쓰고 강연도 못하고 고객도 못 만납니다. 사업도 못 합니다. 그러면 제품을 만들 수 없으니 팔수도 없습니다. 건강이 가장 소중한 1인기업인 것입니다. 깨달았습니까?

1인사업으로 당신의 건강부터 다스리십시오. 이것이 내가 말하는 장열정의 천재적인 1인사업입니다.

나는 1인사업으로 지혜를 깨달았습니다.

내가 말하는 지혜는 너무나 많지만 여기선 가장 중요한 세 가지만 말하겠습니다.

내가 원하는 인생
내가 원하는 사업
내가 원하는 행복

내가 원하는 인생을 살고 원하는 사업을 하고 원하는 행복을 누리는 것이 천재적인 지혜입니다.

나는 내가 원하는 인생을 찾고 행복을 누리기 위해 가진 걸 다 투자했습니다. 가진 것이 없어서 빌려 투자했습니다. 너무나 간절했기 때문입니다. 절박했습니다.

지식은 아는 것에서 끝납니다. 사업에 대해 알기만 하는 것은 지식입니다. 사업을 시작하고 깨닫고 누리는 것은 지혜입니다. 내가 원하는 행복을 누리는 것이 지혜입니다. 아는 것에서 그치지 말고 누리는 지혜가 있어야 합니다.

수많은 사람들이 자기계발을 한다며 수많은 코치와 강사들을 따라다니며 지식만 쌓고 다닙니다. 나도 그랬습니다. 그렇게 따라다니면서 배우다가 마지막에 깨달은 것이 있습니다.

"결국 내가 누리려면 코칭받고 움직여서 얻어야겠구나."
"내가 움직일 수 있는 사업을 코칭을 받아야겠다."
"내가 원하는 사업을 할 수 있는 코칭을 받아야겠다."
"내가 원하는 행복을 누릴 수 있는 멘토를 만나야 한다."

나는 내가 원하는 사람을 만나 코칭을 받고 내가 그런 사람이 되었습니다. 1인사업 분야에서 내가 그런 사람이 된 것입니다.

1인사업은 인생이 역전되는 천재적인 시스템입니다. 세계적인 그룹의 시작이었습니다. 또한 사업가들의 첫 시작이었습니다. 당신도 당신의 1인사업으로 당신이 원하는 인생을 사십시오.

당신이 원하는 사람만 만나고 당신이 원하는 곳만 가고 원하는 사업을 통해 누리고 싶은 것을 모두 누리십시오. 당신이 누리고 싶은 행복을 마음껏 누려도 됩니다.

당신도 당신만의 생각과 아이디어, 아이템을 가지고 제품을 만들어 파는 1인사업을 하십시오.

당신이 만나고 싶은 고객을 만나서 도움을 주고 존경을 받고 감사를 받으십시오. 또한 원하는 결과를 내고 행복한 인생과 행복한 사업만 하십시오. 이것이 장열정이 말하는 1인사업입니다.

나 혼자 창업으로 행복을 누리다

나는 내가 하고 싶은 일만 합니다. 나는 가고 싶은 곳에 갑니다. 나는 가족과 매일 산책을 합니다. 나는 가고 싶은 시간에 갑니다. 일하고 싶은 시간에 합니다. 또한 내가 만나고 싶은 사람만 만납니다. 내 가치를 인정하는 사람, 내가 진심으로 돕고 싶은 사람만 만나고 있습니다.

나는 벤츠를 한 번도 타보지 못하고 천국에 가는 줄 알았습니다. 하지만 나는 지금 벤츠를 매일 타고 다닙니다.

나는 벤츠만 사면 행복할 줄 알았지만 아니었습니다. 벤츠를 타고 어떤 일을 하는지가 더 중요하다는 걸 깨달았습니다. 벤츠를 타고 내가 가고 싶은 곳에 가야 행복했습니다.

벤츠를 타고 가서 만나고 싶은 사람을 만나야 행복했습니다. 이것이 행복이었습니다. 행복은 오늘에 있었습니다. 또한 기대되고 설레는 내일에 있었습니다.

행복은 10년, 20년 뒤를 누리는 것이 아니라 오늘과 내일을 사는 것입니다. 1인사업으로 나는 내 인생, 행복한 인생을 살고 있습니다. 뭔가 하나를 갖는다면 정말 작은 꿈이 이뤄지는 것입니다. 더 큰 꿈을 이루는 삶이 행복한 인생입니다.

당신이 세월이 흐르고 나이가 들어서 더 행복을 누리겠디고 생각한다면 당신은 정말 잘못 생각하는 것입니다. 지금 행복해야 그때 가서도 행복할 수 있습니다.

지금 행복하면 인생의 끝에서도 행복합니다. 지금까지 행복하지 않았습니까? 나도 그랬습니다. 내 행복도 내 결단으로 가능했습니다. 어제까지 내가 불행하다 느꼈다면 이젠 내가 행복해야겠다는 결단을 갖고 내 삶을 어제와 다르게 살아야 행복해진다는 걸 깨달았습니다.

나는 한 푼도 없었습니다. 돈이 있어서 시작하는 사람이 누가 있겠습니까? 모두 없다고 합니다. 하지만 없다고 하는 건 돈이면 됩니다. 꿈을 이루려고 움직이는 의지, 열정, 간절함, 절박함이 없는 것이 더 절망적인 것입니다.

지금 당신이 돈이 없어서 못합니까? 돈이 부족하다고 생각합니까? 그런 것들보다 더 중요한 건 당신의 간절하고 절박한 마음과 열정입니다. 나는 간절함과 절박함 하나로 1인사업을 성공시켰습니다. 정말입니다.

행복하기 위해선 움직여야 합니다. 행복은 그냥 오는 것이 아닌 행복을 위해 간절하고 절박하게 움직이는 자에게 옵니다. 그저 그런 삶을 산다면 당연히 행복한 삶을 누릴 수 없습니다. 내가 예전에 그랬고 지금 당신이 느끼는 것처럼 말입니다.

당신도 1인사업으로 행복한 인생을 사십시오. 당신의 꿈이 이뤄질 것입니다. 당신이 크게 생각한다면 말입니다. 당신의 1인사업이 너무나 기대됩니다. 크게 생각하고 크게 저지르십시오. 그럼 당신의 인생이 행복해질 것입니다.

제 2 부 "성공하는 창업과 실패하는 창업이 있다" - 장열정
창업에 실패하는 이유가 있다

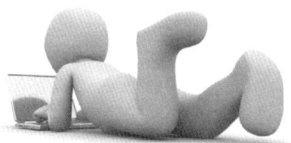

　수많은 사람들이 실패하는 이유가 있습니다. 많은 사람들은 스펙의 길을 가고 공무원 시험을 준비하고 여러 가지 시험을 준비합니다. 정말 좁은 길입니다. 경쟁의 길이고 끝이 있는 길입니다.
　"이번엔 500명을 뽑는데 내년에 300명을 뽑는대, 우와 정말 어렵다. 경쟁이 너무 심해."
　사람들은 이렇게 이야기합니다. 길이 정말 좁습니다.
　하지만 난 길을 만듭니다. 난 다른 사람 신경 쓰지 않습니다. 내가 하고 싶은 일을 하기 때문입니다. 이것이 나 혼자 창업입니다.
　창업을 하고 사업을 지속적으로 운영하는 방법을 사람들은 모릅니다. 그 방법을 알고 나만의 스타일로 계발해 나가는 시간이 필

요합니다.

나는 그룹을 세워 운영하고 있습니다. 왜 그룹으로 운영할까요? 혼자서 사업을 하는 데 그룹이 필요할까요?

나는 내가 가진 것으로 창업했습니다. 그리고 그 재능들을 계열사로 나열해 사업을 운영하고 있습니다. 나는 내가 하고 싶은 일을 다 하기 위해서 그룹을 세워 계열사를 운영하고 있습니다.

수많은 사람들은 사업 하나만 가지고 지지고 볶으며 안 된다고 포기하고 못한다고 징징거립니다. 지혜를 깨달아야 합니다.

지혜로운 사업가는 어떻게 했을까요? 그룹을 놓고 계열사를 나열합니다. 계발도 계속 합니다. 내게 맞는 것을 내 스타일대로 만들어 갑니다. 이것이 지혜로운 방법입니다.

수많은 사람들이 한 사람, 한 가지 일에 매여 삽니다. 공무원 시험을 몇 년을 해도 안 되는데 다른 걸로 전향하질 않고 극단적인 선택을 합니다. 그들은 인생길을 하나만 정해 놓고 '난 거길 꼭 가야만 해'라고 생각하는 것입니다.

자신의 생각이 좁기 때문에 인생의 길도 좁은 것입니다. 자신의 생각을 넓혀야 합니다. 그리고 그 길에서 자신의 재능과 스타일, 방법을 알아야 합니다.

방법을 알아도 안 되는 경우엔 왜 그럴까요? 생각을 모르기 때문입니다. 이미 가진 생각을 바꿀 생각을 하지 않기 때문입니다. 예전에 했던 생각을 그대로 하고 발전하지 못하는 생각을 그대로 합니다.

진정한 자기계발은 어제의 나와 오늘의 내가 달라지는 것입니다. 그런데 생각과 행동을 어제처럼 하면서 "오늘은 왜 안 될까요?", "왜 오늘도 안 될까요?"라고 말하는 사람들은 성공할 수 없는 것입니다. 이것이 사람들이 실패하는 이유입니다.

길도 모르고, 길도 좁고, 방법도 모르고 그것을 이루려는 생각도 모르기 때문입니다. 당신은 어떻습니까? 길을 알고 방법을 알고 생각도 안다면 당신은 성공의 길을 걷게 될 것입니다. 성공의 길은 무엇일까요?

성공은 당신이 이루고 싶은 것을 이루는 것입니다. 다른 사람이 이루고 싶은 것을 당신이 이루는 것이 성공이 아닙니다.

당신이 어떤 분야에서 이루고 싶은 것이 있을 것입니다. 거기에 대한 길과 방법, 생각을 알면 당신은 성공합니다. 원하는 것이 무엇입니까? 지금 당신이 하는 일은 무엇을 위한 것입니까? 목적이 무엇입니까? 어디로 가고 있습니까?

깨달았습니까? 실패에도 이유가 있습니다. 생각이 멈췄거나 생각이 작기 때문입니다. 그것을 넓히고 확장시키고 큰 생각을 가져야 합니다. 당신도 크게 성공할 수 있습니다. 당신의 생각이 바뀐다면 말입니다. 인생은 생각대로 됩니다.

※ 당신의 깨달음을 자유롭게 적으세요. 당신의 창업지도가 됩니다.

제2부 "성공하는 창업과 실패하는 창업이 있다" - 장열정
잘못된 창업은 기회가 아닌 위기다

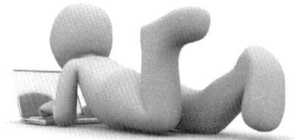

기존 창업의 문제점은 무엇일까요?

잘못된 창업은 기회가 아닌 위기입니다. 창업은 새로운 꿈을 가지고 새로운 출발을 하는 것입니다. 그런데 그 출발 자체가 잘못되었기 때문에 부푼 꿈을 안고 시작한 창업은 쉽게 무너지기 마련입니다.

시작할 때부터 제대로 시작해야 합니다. 창업은 새로운 사업을 시작하는 것입니다. 그러므로 사업을 제대로 알아야 창업이 성공하게 됩니다. 그러나 대부분 시작할 때 잘 모르고 시작합니다.

누군가의 "이게 좋다, 유행한다"란 말만 믿고 시작하지만 막상 시작하면 운영할 때 또 다른 문제에 부딪힙니다. 시작과 운영은 다

르기 때문입니다. 잘못된 창업은 위기입니다.

혹시 당신은 창업을 하려고 합니까? 그 창업이 기회가 아닌 위기가 될 수 있습니다. 창업이 기회가 되려면 제대로 알고 제대로 시작해야 합니다. 사업을 한 번도 해보지 않았다면 사업을 배워야 합니다. 어디에서 배울 수 있을까요?

대부분의 창업 교육은 아이템이 정해진 상태로 창업을 배우도록 만듭니다. 나도 창업하기 전에 강의를 많이 들었습니다. 여기도 가보고 저기도 가 봤지만 결국 그 곳에선 자신의 아이템만 홍보하기에 바빴습니다. 사업을 배울 수 없었습니다.

사업은 내가 부딪혀 보고 경험해야 했습니다. 그리고 깨달았습니다. 하지만 그땐 많이 늦었습니다. 수억 원을 투자해서 시작한 창업은 수천의 빚을 지게 만들었고 허무하게 끝났습니다.

당신도 창업을 하려면 제대로 시작해야 합니다. 제대로 된 곳에서 당신만의 아이템으로 성공할 수 있는 그런 창업을 배워야 합니다. 당신의 창업을 위기가 아닌 기회로 만드십시오.

기회로 만드는 방법은 제대로 배우는 것입니다. 아는 만큼 성공한다는 말이 있습니다. 나는 깨닫는 만큼 얻고 누리게 된다고 말합니다. 창업 성공에 대해 깨달아야 합니다.

기존 창업의 문제점을 그대로 안고 시작하지 말고 이 시대에 맞고 당신에게 맞는 창업을 시작하십시오. 이것이 당신의 창업을 성공시키는 길입니다.

제 2 부 "성공하는 창업과 실패하는 창업이 있다" - 장열정

다른 사람의 말로 시작되고 말로 끝난다

기존 창업의 문제점은 무엇일까요?

쉽게 시작해서 금방 끝난다는 것입니다. 왜 쉽게 시작할까요?

"이 아이템이 잘 된다."

"이 아이템이 유행이야."

"이 아이템으로 지금 수익을 잘 올리고 있어. 대박이야."

이런 말을 듣고 쉽게 시작합니다. 수많은 돈을 투자해야 하는데도 말입니다.

쉽게 시작해서 성공할 수도 있습니다. 작게 시작해서 크게 성공할 수도 있습니다. 하지만 쉽게 시작하지 말아야 할 것이 있습니다. 바로 아이템을 정하는 것입니다.

자신의 재능에 맞게 독보적인 아이디어와 남다른 아이디어를 가진 아이템으로 시작해야 합니다. 그 아이템으로 사업을 운영하는 방법을 깨달아야 합니다.

스스로 운영할 수 있는 사람은 대부분 이미 창업과 사업의 경험이 있는 사람입니다. 실패와 성공에 대해 깨닫고 사업의 원리를 정립한 사람들입니다.

창업을 알려주는 대부분은 창업에 성공해 본 적이 없습니다. 자신의 사업도 마찬가지입니다. 기존 창업대로 쉽게 시작해서 금방 끝나는 사업에 대한 교육을 합니다. 당신이 그동안 어렵게 모은 큰돈을 잃기 쉽습니다. 큰돈을 금방 잃는 시스템이 기존의 창업 문화이자 창업 시스템이기 때문입니다.

100세 시대에 창업은 무조건 준비해야 합니다. 100세 시대 창업을 준비한다는 것은 지속가능한 창업을 해야 한다는 것입니다. 쉽게 시작하지만 제대로 시작하십시오. 창업과 사업에 대해 명확히 아십시오. 창업과 사업은 처음부터 혼자 하는 것입니다.

프랜차이즈는 시작할 때만 많은 도움을 받습니다. 하지만 끝날 땐 그렇지 못합니다. 사업이 잘 안 될 때도 도움받기 힘듭니다. 그때부턴 당신이 깨닫게 됩니다. 대부분 프랜차이즈를 시작해 2,3년 안에 문을 닫게 된 사장님들은 이렇게 말합니다.

"처음부터 끝까지 다 도와주는 줄 알았다. 물론 도와주는 부분도 많았지만 오히려 마지막이 되니 적이 되는 경우가 많았다."

프랜차이즈에 이용당하지 마십시오. 당신이 프랜차이즈 본점을 창업하십시오. 다른 시스템들은 당신의 사업을 성공하게 만드는 시스템이 아닌 당신의 사업을 시작하게 하는 시스템일 뿐입니다. 깨달았습니까? 창업은 시작이고 사업은 운영입니다.

    창업을 하는 목적은 사업을 지속적으로 운영하기 위함입니다. 당신의 창업이 금방 끝나지 않고 당신의 평생 직업이 되길 바랍니다. 평생 사업이 되는 평생 창업을 하십시오.

※ 당신의 깨달음을 자유롭게 적으세요. 당신의 창업지도가 됩니다.

제 2 부 "성공하는 창업과 실패하는 창업이 있다" - 장열정
여기저기 끌려 다니다가 끝난다

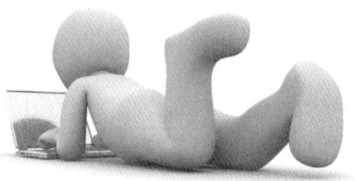

기존 창업의 문제점은 무엇일까요?

또 다른 문제점은 여기저기 끌려 다니다가 끝나는 것입니다. 창업을 시작하기 전에 아이템을 선택하기 위해 여기저기 찾아다니느라 정신없이 돌아다니기 바쁩니다.

그런데 바로 이 때 여기저기 다니면서 해야 할 것이 무엇일까요? 내 매장에서 내 손님들에게 어떤 제품을 팔아야 하는 지 그리고 마니아 고객을 어떻게 만들지에 대해 깨달아야 합니다.

여기저기 "좋은 제품이 있다", "성공할 가능성이 있다"고 해서 하염없이 방황하다가 결국 당신에게 적용하지 못하고 고민으로 끝나는 경우가 많습니다.

당신은 어떻습니까? 여기저기 돌아다니고 있습니까?

물론 창업을 할 때 여기저기 돌아다녀야 할 때도 있습니다. 하지만 스스로 아이템을 고른 후에 운영방식에 대해서 보러 다니는 것이지 아이템을 위해 돌아다니기 시작하면 2~3년 뒤에 또 아이템을 찾아보러 다녀야 합니다.

이미 창업을 할 때 결과가 정해져 있습니다. 나는 어떤 창업자가 "이런 창업을 하겠다"고 말하면 그 끝이 보입니다. 왜일까요? 그 창업을 운영할 때 필요한 과정들이 있는데 그 과정을 제대로 알지 못하면 투자하는 시간에 비해 얻는 것이 별로 없습니다.

물론 그 때마다 지혜롭게 해결할 수도 있습니다. 하지만 그 동안 내가 본 수많은 창업가들은 그렇게 하지 못했습니다.

창업의 원리, 사업의 원리를 모르기 때문입니다. 그 핵심을 알면 그 핵심대로 진행할 수 있는 지혜가 생깁니다. 여기저기 끌려다니지 마십시오. 성공원리를 깨닫기 위해 움직이십시오.

당신의 스타일대로 당신의 재능대로 당신이 생각하는 대로 사업을 성공할 수 있는 곳에서 당신의 사업을 진행하십시오. 결국 창업엔 성공원리가 있습니다. 그것으로 당신의 평생직업을 가져 평생사업을 해야 합니다.

당신 혼자 창업하기로 마음먹었습니까? 그렇다면 창업과 사업을 제대로 배울 수 있고 또한 당신만의 스타일을 만들 수 있는 곳에서 시작하십시오. 그래야 처음부터 끝까지 당신의 스타일로 행복하게 당신의 창업과 사업을 할 수 있습니다.

제2부 "성공하는 창업과 실패하는 창업이 있다" - 장열정

문제가 생겼을 때 스스로 해결할 수 없다

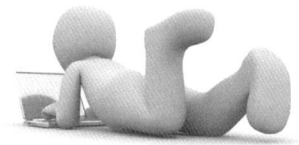

기존 창업의 문제점은 무엇일까요?

문제가 생겼을 때 스스로 해결할 수 없다는 점입니다. 나는 창업가들이 뜨거운 열정을 가지고 시작하는 모습을 많이 보았습니다. 그렇게 뜨거운 열정이 불타오르다 어느 날 갑자기 그 불씨가 꺼지는 것도 많이 보았습니다. 왜 그럴까요? 스스로 문제를 해결할 수 없었기 때문입니다.

왜 스스로 할 수 없었을까요? 사업은 제품을 만들고 제품을 파는 것입니다. 제품을 만드는 것을 스스로 할 수 없고 제품을 파는 것도 스스로 할 수 없고, 제품을 구입한 고객과 문제가 생겼을 때 스스로 해결할 수 없다면 1인사업은 제대로 진행될 수가 없습니

다. 기존 창업은 스스로 해결할 수 없는 시스템이 대부분입니다.

스스로 해야 할 부분이 있습니다. 그래서 프랜차이즈로 시작한 사업은 운영하다 보면 많은 것을 깨닫게 됩니다.

'아, 프랜차이즈가 아니더라도 내가 스스로 할 수 있었을 텐데!'

'이건 나한테 안 맞는구나.'

'내가 컨트롤할 수 없으니 이제 나 혼자 해야겠다.'

처음 프랜차이즈 가맹점으로 시작한 대부분의 창업가들이 다음 창업은 스스로 움직입니다. '이걸 왜 했지?'라고 스스로 생각합니다. 자영업에도 정보업의 시대가 열렸습니다.

이젠 정보로 홍보하고 정보를 제품으로 만들고 마케팅을 하지 않고서는 성공할 수 없습니다. 음식도 제품입니다. 음식에 대한 정보도 알려야 합니다. 정보로 마케팅을 해야 합니다. 어떤 분야든지 장열정이 말하는 1인창업과 1인사업은 다 적용이 됩니다.

당신이 지금 창업을 하는 데 어딘가가 막혔습니까? 문제가 생겼습니까? 그 문제를 해결해 나갈 수 있는 코칭을 받아야 합니다.

작은 문제 때문에 허우적거리지 말고 작은 문제를 티끌 같은 먼지처럼 여기십시오. 그리고 매일 기대되는 미래를 향해 앞으로만 나아가는 창업과 사업을 하십시오.

제 2 부 "성공하는 창업과 실패하는 창업이 있다" - 장열정
3년마다 한 번씩 바꾼다

　기존 창업가들은 주기적으로 3년에 한 번씩 바꿉니다. 무엇을 바꿀까요? 아이템을 바꿉니다. 아이템이 잘 된다면 바꿀 리가 없을 겁니다. 바꾸는 이유는 무언가 잘 안 된다는 의미입니다.
　왜 안 될까요? 안 되게 하기 때문입니다. 원인과 결과가 있습니다. 원하는 결과를 얻기 위해서는 원하는 결과를 만드는 원인을 만들어야 합니다.
　3년에 한 번 바꿀 수 있습니다. 하지만 성공한 사람들은 바꾸지 않습니다. 바꾸지 않고 계열사를 하나 더 만들어 사업을 확장합니다. 만약 바꿔도 완전히 뒤바꾸는 것이 아니라 혁신을 합니다. 내가 여기서 바꾼다고 말하는 것은 아이템 자체를 바꾸는 걸 말합니

다. 하나의 사업을 닫고 또 다른 창업을 하는 것을 말합니다.

당신의 창업이 더 성공하기 위해서 혁신했다면 성공할 것입니다. 3년 만에 한번 막대한 비용을 투자해서 문을 닫고 또 다른 매장을 오픈하는 것이 아니라 혁신하십시오. 처음부터 끝까지 스스로 다스리는 사업이 성공합니다.

남이 시키는 대로 남이 다 제공하는 대로 사업을 했다면 3년마다 한 번씩 바꿔야 합니다. 가맹점에서 탈퇴를 하고 다른 가맹점으로 가입을 해야 하기 때문입니다.

나는 그런 가맹점들을 "창업과 사업을 하지만 실제론 직장인과 다를 게 없다"고 합니다. 그동안 모은 큰돈을 내고 오히려 망합니다. 3년마다 한 번씩 바꾸지 말고 3년마다 한 번씩 더 크게 분야를 확장하십시오. 성공하는 길로 가야 합니다.

제2부 "성공하는 창업과 실패하는 창업이 있다" - 장열정
프랜차이즈를 버리고 평생 직업을 가져라

당신도 프랜차이즈를 하고 싶습니까?

나는 프랜차이즈 본사를 창업할 것입니다. 내 고객 중에는 프랜차이즈를 해본 경험이 있거나 프랜차이즈를 할 계획이 있는 사람들이 많았습니다. 나는 그들을 말렸습니다. 프랜차이즈 가맹점을 하는 것은 성공의 길이 아니기 때문입니다.

나는 프랜차이즈를 하고 싶다면 본사를 창업하라고 말합니다. 왜 가맹점을 합니까? 이미 시작할 때 결과가 나온 것입니다. 본사의 운영 방침대로만 운영해야 하고 발전과 성장도 본사가 해야만 합니다. 사업을 짧은 기간만 할 것입니까?

한번은 이런 이야기를 들었습니다. 내게 코칭을 받기 위해 찾아

온 한 청년의 이야기입니다. 청년은 프랜차이즈 가맹비를 모아야 한다고 지방에 내려갈 예정이라고 했습니다. 청년의 친구는 이미 준비를 마쳤다고 했습니다. 그래서 나는 물었습니다.

"가맹비가 얼마나 필요합니까?"

"5천만 원 이상 필요합니다."

"그럼 얼마나 모은 다음 서울로 올 생각입니까?"

"친구와 동업할 것이라 1억 정도 모은 뒤 올라 올 계획입니다."

"그럼 그렇게 하겠어요?"

청년은 당황해 하면서 이렇게 이야기했습니다.

"그렇게 하기 정말 싫습니다. 그 돈을 모은 후 프랜차이즈를 진행한다고 해도 그 돈은 버린 거라고 생각합니다. 저는 그 돈을 투자해서라도 경험을 해보고 싶었습니다."

나는 내 이야기를 해주었습니다. 나는 돈을 길바닥에 버리지 말라고 이야기했습니다. 그 돈으로 차라리 좋은 일을 하는 것이 좋은 경험이라고 조언했습니다.

"그런 경험은 안 해도 됩니다. 많은 사람들이 그런 경험을 하고 재기하지 못하고 있습니다. 꼭 그 길을 가야겠습니까?"

"아닙니다. 장열정 회장님께서 다른 방법을 알려주시면 그렇게 해보고 싶습니다."

"그럼 내가 하라는 대로 해보겠어요?"

"네, 어떤 방법인가요?"

"자신만의 탁월한 재능으로 1인창업을 하는 방법입니다. 내가 그렇게 했습니다. 나처럼 창업하는 것과 프랜차이즈로 창업하는 것이 무엇이 다른 것 같습니까?"

"엄청나게 다르지요. 정말 저도 그렇게 할 수 있나요?"

나는 대화가 끝나자마자 코칭 등록을 한 후에 1인창업 코칭을 시작했습니다. 이 청년은 현재 직장을 그만두고 1인사업가가 되었습니다. 자신의 사업을 잘 운영하고 있습니다.

나는 코칭이 끝난 후 매우 뿌듯했습니다. 엄청나게 힘든 길을 가려는 청년의 어려움을 도와주었기 때문입니다. 청년도 내게 고마워했습니다. 청년은 내 방법대로 사업을 운영하고 있습니다.

나는 프랜차이즈에 대한 이야기를 너무도 많이 들었습니다. 성공 사례는 대부분 프랜차이즈 본사의 이야기입니다. 돈 없는 창업가들이 힘들게 돈을 모아 프랜차이즈를 하는 것보다 자신의 경험과 깨달음으로 1인창업하는 것이 100배, 1000배 더 좋은 방법이라고 확신합니다.

1인창업 원리만 알면 누구나 할 수 있습니다. 프랜차이즈 가맹점으로 가입하지 말고 프랜차이즈 본사를 창업하십시오.

당신의 귀중한 자산을 불확실한 미래에 투자하고 싶습니까?

이런 위험한 창업은 하지 않는 것이 낫습니다. 절대로 단기간에 끝나는 창업은 하면 안 됩니다. 하지만 투자한 것보다 더 많은 수익을 낼 수 있다면 괜찮습니다. 이것 또한 사업은 아닙니다.

나는 비효율적인 창업 코칭을 하지 않습니다. 평생 직업을 가질 수 있는 천재적인 코칭을 합니다. 당신이 어떻게 직장을 그만두었는데 단기간에 끝나는 창업을 합니까? 당신이 그토록 힘들게 결정해서 직장도 가지 않고 창업했는데 그렇게 허무하게 끝냅니까?

이제 평생 직업을 가질 수 있는 1인창업을 하십시오. 당신의 이름으로 1인기업을 세우십시오. 그 모든 노하우를 내게 배우십시오. 평생 자유롭게 당신의 일을 하십시오. 나는 그렇게 평생 행복하게 살 것입니다.

나는 지금 행복하게 살고 있습니다. 당신도 나처럼 행복한 삶을 사십시오. 평생 하고 싶은 일만 하며 행복하게 사십시오. 평생 좋아하는 일을 하며 행복하게 사십시오.

제 2 부 "성공하는 창업과 실패하는 창업이 있다" - 장열정
창업아이템은 이미 당신 안에 있다

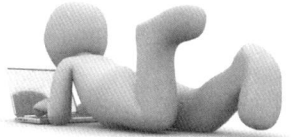

당신은 창업아이템이 고민됩니까?

나는 창업아이템을 쉽게 선택하는 방법을 알고 있습니다. 창업 아이템은 바로 당신 안에 있습니다. 당신이 지금은 잘하는 일이지만 누군가는 그 일로 어려움을 겪는 사람들이 있습니다. 당신의 재능과 경험이 창업아이템이 되는 것입니다.

우리나라 창업 문화는 프랜차이즈로 흘러가고 있습니다. 프랜차이즈는 가입비도 비싸고 모든 운영 방침이 본사 위주로 돌아갑니다. 결국 자신이 하고 싶은 방향으로 사업을 하지 못한다는 것입니다. 직장인과 마찬가지입니다.

나는 직장에서 시키는 일만 하는 것이 매우 싫었습니다. 나에게는 좋은 아이디어가 많았습니다. 당신도 그렇지 않습니까? 좋은 아이디어가 넘치고 넘치는데 지시받은 내용으로만 일을 진행해야 되지 않습니까? 나는 그것이 매우 싫었습니다.

어느 다큐 프로그램을 봤습니다. 편의점 사장님의 이야기였습니다. 보통 편의점에는 아르바이트생이 있습니다. 하지만 아르바이트생이 그만두고 다른 아르바이트생을 구하지 못해 사장님이 직접 일을 하고 있었습니다. 사장님은 힘들어 보였습니다. 인터뷰 내용도 슬펐습니다.

"사장님이 나와 계시네요?"

"네, 아르바이트생을 못 구해서 제가 나와 있습니다."

"장사는 잘 되시나요?"

"장사가 되도 남는 게 없어요."

"장사가 잘 되는데 왜 남는 것이 없나요?"

"임대료가 300만 원이고 인건비가 500만 원입니다. 총매출은 1,000만 원입니다. 생활비 제외하면 얼마 안 됩니다."

"그럼 사장님은 200만 원으로 생활하시는 거군요."

"그렇습니다. 창업 초기에 상담을 받을 때 분명 월 순수익 500만 원을 보장해 준다고 했었습니다. 시작해 보니 다르더군요."

"아, 처음에 수익을 보장해 주던가요?"

"네, 그것 때문에 했죠. 보장해 주지 않았다면 이렇게 힘든 걸 누가 하겠어요."

나는 인터뷰 내용을 아직까지 상세히 기억합니다. 지금도 머릿

속에 사장님의 얼굴 표정이 떠오릅니다. 장사가 잘되는 편의점도 순수익이 직장인보다 낮다는 것이 충격이었습니다. 그보다 프랜차이즈에 대한 충격도 또한 컸습니다.

내가 '장열정의 1인창업연구소'를 설립하기 전에 프랜차이즈에 대해서 조사해 본 결과는 더 충격적이었습니다. 프랜차이즈 본사는 대박 집이 많지만 프랜차이즈 가맹점은 쪽박 집이 많다는 사실을 발견했습니다. 그러고 보니 뉴스나 다큐에서 나오는 프랜차이즈 성공 사례는 대부분 본사 이야기였습니다. 프랜차이즈 지점이 10개 이상이고 이번에는 새로운 상품을 개발했다는 내용들이 대부분이었습니다.

나는 1인창업에 대한 궁금증이 많았습니다. 프랜차이즈에 대해서 조사하고 난 뒤에 1인창업이 있다는 것을 알았고 정보를 찾아보기 시작했습니다. 하지만 1인창업 대한 정보가 너무나 부족했고 알아본 것들 중에도 대부분이 프랜차이즈에 대한 것이었습니다.

나는 창업아이템을 고르던 중 1인창업을 해야겠다고 결심했습니다. 1인창업에 대한 비밀을 캐내기 위해서 책과 홈페이지, 블로그, 카페를 모두 뒤지기 시작했습니다.

나는 나만의 1인창업 원리를 정립했습니다. 그리고 단기간에 고액수입을 올렸습니다.

내가 정립한 1인창업 원리로 1인창업을 해보십시오. 당신 안에 있는 창업아이템을 탁월하게 찾을 수 있습니다.

첫째, 그동안 했던 경험을 모두 써 보십시오.

나는 내 경험을 모두 적기 시작했습니다. 그 중에는 자동차 용품 전문점을 운영했던 경험, 마케팅 부서에서 일했던 경험, 1인기업 직원으로 있었던 경험을 모두 적어 놓았습니다. 모두 적다 보니 내가 하고 싶은 것이 무엇인지 알기 시작했습니다.

둘째, 주변 사람들이 요청했던 것이 무엇인가 생각하십시오.

주변 사람들이 나에게 가장 많이 물어보는 것은 창업과 마케팅에 관한 것이었습니다. 그것을 써 내려가다 보니 이제 막 창업한 사람들이 마케팅 경험이 부족하다는 점을 발견했습니다.

셋째, 단기간이 아니라 평생 할 수 있는 일을 찾으십시오.

나는 평생 직업을 갖기 위해서 직장을 그만두었습니다. 당신도 그렇게 하십시오. 평생직장이 아닌 평생 직업을 선택하십시오. 그러기 위해서는 당신의 꿈과 비전이 명확해야 합니다.

넷째, 꿈과 비전을 명확히 정하십시오.

내 꿈과 비전은 명확합니다. 나는 어렵고 힘든 사람들이 그들의 상황과 환경을 뛰어넘어 성공하여 행복하도록 그들을 코치할 것입니다. 이 일을 통해 온전한 복음을 전하는 것이 내 비전입니다. 나는 하나님의 사랑을 전하는 사람입니다.

나는 꿈과 비전이 명확해졌습니다. 꿈과 비전에 맞지 않는 일이라면 그 어떤 일도 하지 않을 것입니다. 나는 꿈의 사람입니다. 나는 비전이 있는 사람입니다. 하나님께서는 내게 꿈과 비전을 주셨습니다. 하나님의 사랑을 전하는 인생이 최고의 삶이라는 것을 내 인생을 통해 증명하셨습니다. 이제 당신 차례입니다.

당신은 어떤 꿈과 비전이 있습니까? 현실에 안주하고 현실에 맞는 꿈과 비전이 아닌 당신만의 꿈을 펼치십시오. 그리고 실천하십시오. 꿈을 꾸는 삶이 아니라 이루는 삶을 사십시오.

당신은 충분히 할 수 있습니다. 하나님께서는 당신을 향한 계획이 있습니다. 당신을 너무나 사랑하기 때문입니다. 당신을 너무나 사랑하는 하나님을 만나십시오. 이것이 최고의 삶입니다. 최고의 삶을 사십시오. 1인창업을 통해 행복한 삶을 살게 될 것입니다.

※ 당신의 깨달음을 자유롭게 적으세요. 당신의 창업지도가 됩니다.

제 2 부 "성공하는 창업과 실패하는 창업이 있다" - 장열정
당신의 사업 스타일을 정하라

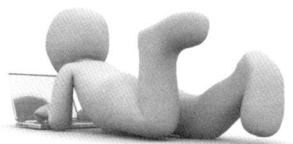

당신은 박리다매 사업을 하고 싶습니까? 아니면 럭셔리 사업을 하고 싶습니까?

둘 다 괜찮습니다. 박리다매는 저렴한 제품을 많이 팔면 성공하는 것이고 럭셔리는 제품 하나에 고가의 가격을 매겨 지속적으로 파는 것을 말합니다.

사업의 스타일에 맞게 운영할 때 박리다매 운영과 럭셔리 스타일의 맞춰 운영해야 합니다.

박리다매는 저렴한 제품을 많은 사람에게 팔기 위한 시스템을 갖춰야 합니다. 럭셔리는 한 명의 고객을 위해 럭셔리하고 독창적이고 창의적인 제품을 내놓아야 합니다.

박리다매와 럭셔리 사업을 같이 해도 좋습니다. 하지만 박리다매 시스템과 럭셔리 시스템을 모두 구축하려면 시간이 걸릴 것입니다. 그래서 처음에 박리다매와 럭셔리 둘 중에 선택해서 먼저 시스템을 구축해야 합니다.

박리다매를 하는데 럭셔리처럼 운영하면 성공하지 못합니다. 럭셔리를 하는데 박리다매처럼 운영하면 성공하지 못합니다. 세계적으로 성공한 그룹들은 럭셔리 사업을 합니다. 또한 박리다매도 잘 합니다.

대부분 박리다매로 시작해서 럭셔리로 갑니다. 또 반대로 럭셔리로 시작해 박리다매로 가는 사업도 있습니다. 하지만 그들은 계속해서 사업을 지속하고 있던 사업가이며 럭셔리 사업으로 진행했기 때문에 마인드가 강했을 것입니다.

당신의 창업 스타일이 박리다매인지 럭셔리인지 정해서 그 시스템을 구축하는데 시간을 투자해야 합니다. 당신이 직장인이면 지금부터 직장에서 이 시스템을 구축해야 합니다.

자영업자라면 지금부터라도 그 시스템을 창조하고 혁신하여 당신의 스타일에 맞게 구축하는 시간을 가져야 할 것입니다. 또한 사업가라면 그동안 어떤 부분이 막혔는지 깨닫고 박리다매와 럭셔리 스타일을 구분하여 운영해야 합니다.

사업의 스타일에 따라 사업 진행 방법이 달라집니다. 당신의 창업 스타일을 정해서 시스템을 구축하는 시간을 투자하십시오. 당신은 어떤 스타일입니까?

제 2 부 "성공하는 창업과 실패하는 창업이 있다" - 장열정
이것이 창업 성공의 비결이다

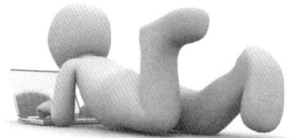

　창업성공의 비결은 바로 나만의 스타일로 지속가능한 사업을 시작하는 것입니다. 나만의 스타일이 무엇일까요? 유행하는 것이 아니라 나만의 스타일입니다.

　만약 내게 요리의 재능이 있다면 집에서 여러 가지 메뉴가 떠오를 것입니다. 단맛을 내는 재료들을 많이 알고 단맛을 내는 재료들을 바꾸게 됩니다. 설탕을 대신해 배, 사과를 선택합니다. 이것이 재능입니다. 천재적인 아이디어가 계속해서 떠오르는 분야로 창업해야 성공합니다.

　음식에 재능이 있으면 요식업을 해도 됩니다. 또한 당신이 어떤 한 분야에 성공 비결을 알려주는 사업할 수도 있습니다. 다른 사람

들의 어려움을 해결해 줄 수 있다면 그것을 책으로 내고 컨설팅을 해줘도 됩니다.

"전 세계 사람들에게 생활의 편의를 제공한다"

"걸어 다니면서 인터넷을 할 수 있는 모바일을 만든다"

"청소를 하는데 선이 없는 가벼운 무선으로 한다"

바로 이런 아이디어로 태어난 제품들은 사람들의 삶을 바꿨습니다. 자신의 스타일로 창업을 한 결과입니다. 바로 이것이 성공의 기준입니다. 성공하는 비결입니다.

단순히 유행하는 아이템을 하나 고르면 그 유행이 끝났을 때 당신의 사업도 멈춥니다. 바꿔야 합니다. 그렇게 해선 사업이 성공할 수 없습니다.

창업의 성공은 처음부터 당신의 스타일대로 바꿔 나가고 혁신해 나가고 더 큰 분야로 진출하는 것이 사업의 성공 비결입니다. 지속가능해야 합니다. 쉽게 끝나는 것은 안 됩니다.

창업 성공 비결의 핵심을 깨닫고 당신도 당신의 스타일대로 사업을 시작하십시오.

제3부 "창업과 사업이 무엇인지 아는가?" - 장열정

창업과 사업에 대해 명확히 알라

창업과 사업은 같은 말일까요?

창업이란 사업을 시작하는 것입니다. "나 창업할거야"라고 말하는 것은 사업을 시작한다는 것입니다. 사업이 성공한다는 것은 창업이 아닙니다. 창업과 사업은 다릅니다.

창업은 시작한다는 의미가 있습니다. 대부분 시작은 하지만 성공하기 위해 앞으로 나아가기 어려워합니다. 그래서 창업가는 많지만 사업가는 많지 않은 것입니다.

당신은 창업가가 되려 합니까? 사업가가 되려 합니까?

창업을 할 때도 큰 마인드로 시작해야 합니다. 큰 꿈을 안고 시작해야 합니다. 하지만 그 큰 꿈을 이루기 위해선 사업가가 되어야 합니다. 사업을 시작만 하지 말고 성공시켜야 합니다. 처음 그 마음 그대로 지속해야 합니다.

단순히 시작하는 사람이 되지 말고 시작했으면 성공시키는 사업가가 되십시오. 위대한 창업가가 아닌 위대한 사업가가 되어야 합니다. 사업가가 되기 위한 시작의 과정은 창업입니다. 둘 다 중요합니다.

창업과 사업의 구분을 명확히 해야 합니다.

당신이 창업을 하려고 합니까? 그럼 사업을 시작하는 것입니다. 시작에서 멈추지 말고 지속가능한 지속해서 성공하는 길을 가야 합니다.

사업이란 제품을 만들어 제품을 파는 활동을 지속적으로 운영하는 것을 말합니다. 물론 사업 진행 도중에 제품을 만드는 사업도 있습니다. 팔기만 하는 사업도 있습니다.

성공하는 기업은 제품을 만들기도 하고 제품을 스스로 팔기도 합니다. 그러면 크게 성공합니다. 사업이 계속 지속가능하도록 변화하고 혁신합니다.

창업가들은 제품을 잘 만듭니다. 그리고 제품을 팔 때 지칩니다. 여러 가지 일이 생기면 안 된다고 하고 겁을 먹고 다 포기합니다. 이 중에서 지속적으로 나만의 스타일로 지속하는 사람이 성공하는 길을 가고 있고 또한 성공했습니다.

사업은 제품을 만들어 제품을 파는 활동을 지속적으로 운영하는 걸 말합니다. 사업은 지속입니다. 시작했다가 포기했으면 창업가입니다.

당신은 창업을 할 때 지속 가능하게 하려고 하고 있습니까? 아니면 시작하려고만 하고 있습니까? 성공하는 원리를 모르기 때문입니다. 창업의 원리, 사업의 원리를 배우면 창업가에서 사업가가 될 수 있습니다.

창업만 하려고 하지 말고 사업까지 끝까지 가십시오. 첫 단추부터 잘 끼워야 합니다. 나만의 재능, 독보적인 나만의 생각으로 시작하면 사업으로 성공할 수 있습니다. 끊임없이 아이디어가 터져 나오기 때문입니다.

또한 문제가 생겼을 때 스스로 헤쳐 나갈 수 있는 지혜가 생깁니다. 성공한 사업가들에게 무엇을 배우려고 합니까? 그들은 자신만의 스타일이 있습니다. 사람들은 그 스타일을 배우러 옵니다.

자신의 스타일을 만들면 되는데 말입니다. 자신만의 스타일로 만드는 방법을 배우면 더 쉽습니다. 핵심과 원리를 깨달아 그대로 진행하면 됩니다.

창업과 사업의 핵심, 정의, 원리를 깨닫고 시작하십시오. 장열정이 말하는 창업과 사업은 작게 시작해서 크게 성공합니다. 작게 시작해 지속적으로 운영해야 큰 기업이 됩니다. 이것이 성공한 사람들의 길이었습니다.

※ 당신의 깨달음을 자유롭게 적으세요. 당신의 창업지도가 됩니다.

제3부 "창업과 사업이 무엇인지 아는가?" - 장열정
1인창업과 1인사업에 대해 명확히 알라

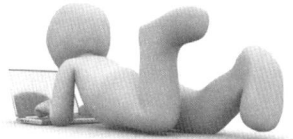

장열정이 말하는 1인창업은 무엇일까요?

장열정이 말하는 1인창업은 내 평생 지속 가능한 사업을 혼자서 시작하는 것입니다. 여기서 핵심은 '혼자서' 시작하는 것입니다. 수많은 사람들이 창업을 준비한다고 하면 돈이 많이 들고 할 일이 많기 때문에 나 혼자가 아닌 지인과 한다고 합니다. 물론 좋습니다. 하지만 결국 혼자 하게 됩니다.

내 평생 지속 가능한 사업은 혼자서 시작해야 합니다. 왜 그럴까요? 지인이 내 마음을 다 이해해 줄까요? 아닙니다. 내 사업의 일부분을 도와줄 순 있어도 내가 앞으로 나가려고 하는 것, 내 천재적인 아이디어는 이해하지 못합니다.

도움이 되는 것이 아니라 브레이크가 걸립니다. 당신이 누군가와 무언가를 해보려고 했습니까? 도움이 됐습니까? 아니면 브레이크가 됐습니까?

나 혼자 창업은 내 평생 사업, 내 평생 직업, 내 평생토록 내가 행복하게 일할 수 있는 것을 혼자서 시작하는 걸 말합니다. 시작이 무엇보다 중요합니다.

난 내 평생의 사업을 시작했습니다. 혼자서 시작했습니다. 물론 같이 한 적도 있습니다. 하지만 잘 안 됐습니다. 그래서 다시 혼자 시작하게 되었습니다. 그 결과 지금 성공의 길을 걷고 있습니다.

평생 지속 가능한 사업을 혼자 할 수 있다는 것은 얼마나 축복된 일인지 모릅니다. 나는 매일 행복합니다. 매일 기대됩니다. 안되는 것이 있어도 해결해 나갑니다. 쉽게 해결됩니다.

해결할 땐 더 크게, 더 좋게, 더 효율적인 방법, 더 지혜로운 방법이 정립됩니다. 당신도 당신이 평생 지속 가능한 사업을 시작하십시오. 이것이 장열정이 말하는 1인창업입니다.

장열정이 말하는 1인사업은 무엇일까요?

장열정이 말하는 1인사업은 혼자서 사업을 지속적으로 운영하는 것을 말합니다. 혼자서 사업을 지속적으로 운영하면 힘들까요? 바쁠까요?

물론 처음에 시스템을 자동화하기 위해선 여러 가지 일을 해야 합니다. 하지만 어느 정도 시스템이 구축되면 그 다음엔 쉬워집니다. 시스템이 없으면 어렵게만 느껴집니다. 혼자서 사업을 지속적으로 운영할 수 있는 원리를 배우고 방법을 배워 매일 할 수 있다면 어떻게 될까요?

　나는 아주 간단한 원리를 정립해서 하루 4시간이면 충분히 일이 끝납니다. 일을 하기 싫으면 하지 않아도 되고 해야 할 때는 바짝 해 놓을 수 있는 시스템을 갖췄습니다.

　나는 평생 이렇게 살 것입니다. 당신도 100세 시대를 준비해야 할 것입니다. 1인사업으로 당신이 이루고 싶은 꿈을 이루고 만나고 싶은 사람을 만나고 만들고 싶은 제품을 만드십시오. 행복하게 사업을 지속적으로 운영하십시오. 이것이 장열정이 말하는 1인사업입니다.

※ 당신의 깨달음을 자유롭게 적으세요. 당신의 창업지도가 됩니다.

제 3 부 "창업과 사업이 무엇인지 아는가?" - 장열정
1인출판과 1인미디어에 대해 명확히 알라

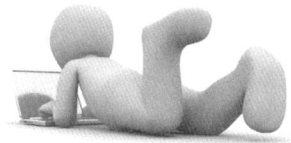

　나는 나 혼자 창업에서 1인출판이 가장 중요한 시스템이라고 말합니다. 1인출판은 혼자서 출판사를 설립하여 혼자서 책을 출간하는 사업을 말합니다.

　쉽게 말해 출판사 사장이 되고 그 출판사에서 내가 책을 마음껏 쓰고 책을 낼 수 있고 또한 다른 사람들의 출간도 도와줄 수 있는 시스템을 말합니다. 곧 출판사 창업, 출판사 사업인 것입니다.

　1인출판, 1인이 붙었다고 해서 어떤 이들은 가치를 낮게 여깁니다. 전혀 그렇지 않습니다. 1인출판은 시작을 이야기하는 것이지 처음부터 끝까지 1인출판이 아닙니다. 사람들이 늘어나면 '1인'이 없어집니다.

혼자서 내 책을 마음껏 출간할 수 있는 시스템이 있는 1인사업가는 크게 성공하게 됩니다. 럭셔리 제품을 팔게 됩니다. 사람들에게 도움을 요청받게 됩니다. 이 시스템이 없으면 계속 사람들을 찾아가 장사를 해야 합니다. 장사꾼 취급을 받는 것입니다.

사업도 물론 장사입니다. 하지만 장사꾼 취급을 받는 것과 전문가로 인정받는 것, 그리고 어떤 도움을 요청받는 위치는 완전히 다릅니다. 도움을 요청받으면 럭셔리 돈을 냅니다.

변호사한테 "저 이러이러한 일이 있는데 공짜로 도와주세요"라고 말합니까? "저 사기 당했습니다", "너무나 억울한 누명을 썼습니다"라고 말하면 공짜로 도와줍니까? 아닙니다.

그것을 해결하기 위해서 고가의 비용을 지불하고 변호사를 선임합니다. 당신은 어떻게 하고 있습니까? 당신의 가치를 높이고 있습니까? 당신을 브랜딩하고 있습니까? 사람들이 당신의 가치를 몰라줍니까?

스스로 가치를 높여야 합니다. 사람들이 당신의 실력을 모두 압니까? 모릅니다. 표현을 해야 합니다. 그래서 나는 1인출판으로 내 가치를 높이고 있습니다.

1인출판은 나 혼자 창업에 있어서 정말 중요한 시스템입니다. 당신도 당신의 1인출판사 시스템을 가지고 사업을 하십시오. 출판사에서 내놓을 수 있는 건 종이책 하나만이 아닙니다.

전자책, 소책자, 오디오북, 동영상 등 종류가 많습니다. 미디어 제품들을 마음껏 출간할 수 있는 시스템입니다. 하지만 수많은 1

인미디어 기업가들이 이 가치를 모릅니다. 왜 모를까요? 이 1인출판사 운영에 대해서 잘 모르기 때문입니다.

1인출판사를 운영하는 것에 가치를 아는 사람들은 성공의 길을 걷고 있습니다. 하지만 남의 출판사에서 책 한 권 써내는 사람들은 말이 많습니다. 베스트셀러가 되고 그 다음은 조용해집니다.

사업은 지속하는 것입니다. 반짝거리는 것은 사업이 아닙니다. 깨달아야 합니다.

당신은 누구의 이야기를 듣고 있습니까?

당신도 당신의 깨달음과 당신의 실력과 당신의 지혜를 마음껏 표현하고 가치를 높일 수 있는 시스템을 가져서 성공의 길을 가십시오. 이것이 1인출판사를 시작하는 것이 성공의 길을 가는 첫 번째 시작입니다.

나 혼자 창업에서 1인미디어란 무엇일까요?

1인미디어란 세미나, 강연, 방송을 스스로 제작해 제품 제작과 마케팅, 세일즈로 나 혼자 사업을 지속적으로 운영하게 하는 시스템을 이야기합니다.

내가 주최하는 세미나, 강연을 동영상으로 만들고 1인 방송을 만들어서 사람들에게 마케팅도 하고 제품을 만들기도 하고 세일즈도 하는 천재적인 자동화 시스템입니다.

자동화 시스템이 없으면 어떻게 해야 할까요?

사람들을 계속 만나야 합니다. 일주일 내내 만나고 똑같은 이야기를 또 하고 똑같은 코칭을 또 하고 계속해야 합니다. 하지만 1인미디어 시스템이 있으면 어떻게 될까요?

똑같은 이야기를 하지 않아도 됩니다. 동영상만 찍어 놓아도 자동화되기 때문입니다. 세미나도 강연도 더 쉽고 자동화되면 사업이 쉬워집니다.

"전 자영업을 해서 1인미디어와 상관이 없을 것 같은데요."

아닙니다. 이젠 누구나 1인미디어를 해야 합니다. 자영업도 프리랜서도 세일즈맨도 TM도 이젠 1인미디어를 하지 않으면 직원에 머물게 됩니다.

직원에서 은퇴를 하게 되면 누구나 1인미디어를 해야만 하는 시대가 왔습니다. 이제 스마트폰 시대, 인터넷 시대입니다. 이제 사람들은 인터넷으로 전문가를 찾고 있습니다.

당신은 전문가를 어디서 찾습니까? 지인에게만 묻습니까? 아니면 길거리를 다니면서 매장에 들어가서 물어봅니까? 아닙니다. 이제 다 스마트폰으로 검색해서 찾아갑니다. 1인미디어는 당신이 성공하는 길의 또 다른 출발입니다.

1인출판과 1인창업과 1인미디어 시스템을 갖춰야 당신의 사업이 크게 성공합니다. 이것은 장열정이 만든 것이 아니라 이미 성공한 사람들이 가는 길입니다.

하지만 성공한 사람들은 그 길을 알려주지 않기 때문에 장열정만의 스타일대로 알려주고 있는 것입니다. 이제 1인가구 시대입니다. 혼자서 무언가를 해야 하는 시대입니다.

이미 미국과 일본은 혼자만의 문화들이 많이 발달되어 있습니다. 의식 수준이 높아지고 경제가 성장하면 성장할수록 혼자만의 시간, 자신의 가치를 깨닫고 높이고 꿈을 이루는 생각이 많아지기 때문에 이젠 1인가구, 1인미디어, 1인사업, 1인창업이 앞으로 우리 시대를 이끌어 갈 것입니다. 정말입니다.

당신도 이 시스템을 가져야 당신이 하고자 하는 분야에서 성공의 길을 가게 될 것입니다. 1인미디어는 당신을 알리고 당신의 가치를 높일 수 있는 천재적인 시스템입니다.

당신도 1인미디어 시스템을 구축해 당신의 사업을 성공시키십시오. 당신의 분야에서 성공하십시오. 1인미디어가 당신의 사업을 크게 성공하게 할 것입니다.

※ 당신의 깨달음을 자유롭게 적으세요. 당신의 창업지도가 됩니다.

제3부 "창업과 사업이 무엇인지 아는가?" - 장열정
창업과 사업에 필요한 기본 원리들

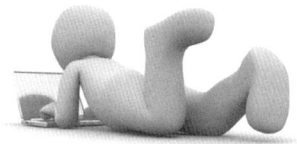

창업과 사업에 필요한 기본 원리들은 무엇이 있을까요?

창업아이템은 어떻게 선택하면 될까요?

창업아이템을 선택하는 기준은 바로 지속적으로 운영이 가능한 분야와 제품입니다. 창업아이템은 자신의 재능을 표현할 수 있는 아이템이어야만 합니다.

유행하는 아이템, 인기있는 아이템은 지속적으로 운영하기 위한 선택이 아닌 지금 바짝 돈을 벌기 위한 선택입니다. 물론 그 사업이 일시적으로 2~3년만 운영이 될 것이라면 2~3년만 운영이 지속될 수 있는 창업아이템을 선택해도 됩니다.

하지만 장열정의 열정그룹에서는 평생사업과 내 평생의 일을 선택하기 하기 때문에 창업아이템을 선택하는 기준은 지속적 운영과 평생 직업입니다.

사업을 운영하다 보면 여러 가지 일들이 일어납니다. 지속적으로 운영이 가능한 나만의 분야와 나만의 제품으로 사업을 이끈다면 그 문제들을 지혜로운 방법으로 계발해 나가면서 성장하고 발전해 나갈 수 있습니다.

하지만 그렇지 못한 사업은 무언가의 영향을 받아 금방 끝나기 일쑤입니다. 그렇게 되면 사업이 지속적으로 운영되지 않습니다. 사업은 지속적으로 운영할 수 있는 것이어야만 하고 또한 지속적으로 운영해야만 합니다. 그래야 사업이 성공합니다.

창업아이템을 선택할 때 지속적으로 운영이 가능한 분야에 진출하고 지속적으로 운영 가능한 제품을 계발하는 창업아이템을 선택하십시오. 이것이 바로 장열정의 작게 시작해 크게 성공하는 1인창업 아이템의 선택 기준입니다.

제품이란 무엇일까요?

창업가와 사업가들이 가장 오해하는 부분입니다. 제품은 심플합니다. 고객이 돈을 주고 사는 것이 제품입니다. 사업가는 제품을 제공하고 고객은 그 대가로 돈을 지불합니다. 그럼 고객이 돈을 낼 수 있는 모든 것은 제품이 됩니다. 깨달았습니까?

생필품, 자동차, 스마트폰 등이 우리가 사는 제품입니다. 보이는 완제품에 고객은 돈을 냅니다. 책과 오디오북이 해당됩니다.

지금은 시대가 많이 바뀌었습니다. 정보업의 시대가 열렸습니다. 컨설팅과 조언을 받는 것만으로도 가치를 지불하는 시대입니다. 이 정보업은 생소하다고 생각할 수 있는데 아닙니다. 대학교를 생각해보십시오. 대학에서는 지식을 배우고 돈을 냅니다. 그것이 바로 지식업이자 정보업입니다.

이제 개인도 스스로 교육 시스템을 만들어 정보업을 할 수 있게끔 시대가 바뀌었습니다. 개인 노트북과 컴퓨터로 개인이 제품을 만들어 팔 수 있는 시대가 열린 것입니다.

장열정의 열정그룹에선 제품을 '고객이 돈을 주고 사는 것'이라고 정의합니다. 고객이 돈을 낼만 한 가치가 있으면 모든 것이 제품이 됩니다. 난 고객이 돈을 낼 수 있는 것을 제품화하고 제품의 가치를 높여 성공하는 길을 갑니다.

제품은 스스로 만들 때 더 크게 성공합니다. 왜 그럴까요? 스스로 만들어 스스로 팔 수 있다면 자신이 누구보다 가장 잘 설명할 수 있기 때문에 가장 큰 결과가 일어납니다. 이것이 나 혼자 창업의 핵심입니다.

제품은 고객이 돈을 주고 사는 것입니다. 당신이 그동안 어떤 것에 돈을 주고 가치를 지불했습니까? 당신의 고객도 당신의 제품에 가치를 지불하게 될 것입니다. 마음껏 만들고 마음껏 파십시오.

매장이란 무엇일까요?

　매장은 제품을 사고파는 곳입니다. 나 혼자 창업에서 첫 번째 매장은 온라인 매장입니다. 인터넷에 내 매장을 만드는 것입니다. 그리고 두 번째 오프라인 매장입니다.

　식당에서는 음식을 사고팝니다. 사는 사람은 고객이고 파는 사람은 식당 주인입니다. 편의점, 미용 용품, 생필품 모두 마찬가지입니다. 매장은 제품을 사고파는 곳입니다.

　초보 창업가들은 온라인 매장에 대해 큰 착각을 합니다. 온라인 매장은 정보를 주고받는 곳이 아닌 제품을 사고파는 곳입니다. 그것이 사업가가 매장을 관리하는 목적입니다.

　온라인 매장을 운영하는 초보 창업가를 보면 지식과 정보를 잔뜩 넣어 사람들이 북적북적하게 합니다. 수많은 사람들이 수시로 드나들게 합니다. 박리다매 사업이라면 잘하고 있는 것입니다. 하지만 럭셔리 사업이라면 다르게 운영해야 합니다.

　식당에 손님이 왔는데 음식은 시키지 않고 수다만 떨고 있다면 사장은 나가라고 할 것입니다. 주인이 운영하는 카페에서 커피는 시키지 않고 수다만 떨면 주인도 눈치를 줍니다.

　당신의 1인사업 매장은 제품을 사고파는 곳이 되어야 합니다. 이 마인드가 있는 사람이 제품을 사고파는 것을 잘 합니다. 매장을 사고파는 곳으로 관리하십시오. 그리고 마음껏 파십시오. 고객에게 사게 하십시오. 이것이 장열정이 말하는 매장의 정의입니다.

마케팅이란 무엇일까요?

마케팅은 내 고객을 매장에 모으는 활동입니다. 마케팅을 많이 해서 "여기 이런 곳이에요", "여긴 이런 효과가 있어요"라고 알립니다. 그럼 사람들은 궁금해서 뭐가 있나 하고 들어옵니다. 매장에 사람들이 모이는 것입니다.

식당을 예로 들어보겠습니다. 식당 밖에서 고객이 오게끔 이벤트를 합니다. 전단지를 나눠주고 할인 이벤트 홍보를 합니다. 그럼 사람들이 옵니다. 이 활동이 마케팅입니다.

마케팅은 세일즈와 다릅니다. 다르게 생각해야 사업이 성공합니다. 초보 창업가들이 이런 질문을 많이 합니다.

"마케팅을 하루 종일해서 사람들이 북적북적한데 왜 팔리지가 않을까요?"

"사람들은 정말 많은데 왜 실질적인 수입이 생기지 않을까요?"

그 이유는 마케팅과 세일즈를 구분해 놓지 않았기 때문입니다. 마케팅과 세일즈는 다릅니다. 마케팅은 모으는 활동이고 모은 고객에게 판매활동을 하는 것이 세일즈입니다. 잘 모으고 잘 파는 사람이 수입을 많이 얻게 됩니다. 그렇지 않을까요?

지금 마케팅에 대한 개념을 다시 세우십시오. 마케팅은 내 고객을 매장에 모으는 활동입니다. 세일즈는 매장에 모은 고객에게 판매하는 활동입니다.

이것을 확실하게 구분해야 당신의 사업이 성공할 것입니다. 또한 당신의 마케팅 원리와 세일즈 원리가 구분되어 있을 때 사업의 결과가 많이 일어나게 될 것입니다. 이렇게 운영할 때 문제가 생겨도 그 문제를 금방 해결할 수 있게 됩니다.

마케팅에 대한 개념을 정확히 세워 당신의 매장에 당신의 고객을 모으는 활동인 마케팅을 지속하십시오. 내 고객이 누구이며 어떤 사람이 내게 와야 하는지 명확하게 표현하십시오. 마케팅도 잘하고 세일즈도 잘해서 크게 성공하십시오.

세일즈란 무엇일까요?

세일즈는 제품을 판매하는 활동입니다. 매장에 고객이 아무리 많아도 제품 판매 활동을 하지 않으면 결과가 많이 일어나지 않습니다. 제품을 스스로 사는 고객이 얼마나 될까요? 소수에 불과합니다. 대부분 와서 사고 싶어도 그냥 갑니다.

대부분의 사람들은 결정 장애가 있습니다. 한 번에 결정을 못합니다. 여러 번 생각 끝에 구입합니다. 그렇게 하다가 제 풀에 지쳐서 구입을 못 하는 사람들도 많습니다.

제품을 사게끔 도와주는 것도 사업가의 역할입니다. 초보 창업가들은 또한 이렇게 질문을 합니다.

"무조건 사라고 하면 불편해 하지 않을까요?"

아닙니다. 고객의 입장에서는 도움을 받고 싶어 합니다. 물론 옷집에 가서 이것저것 이야기를 하면 부담스러워 하는 고객은 구입할 가능성이 적은 고객 아닐까요? 도움을 고마워하는 고객은 구입으로 이어집니다.

그럼 당신이 사업가라면 어떻게 하겠습니까? 마냥 지켜보겠습니까? 아니면 판매하기 위해 움직이겠습니까?

사업가라면 판매하려고 움직일 겁니다. 움직이기 전에 세일즈 전략을 잘 세워야 합니다. 고객이 부담스럽지 않게 고객이 도움을 요청하게 하는 세일즈를 한다면 세일즈가 편해집니다. 세일즈는 고객에게 도움을 주는 활동이 되는 것입니다.

마케팅과 세일즈를 구분해서 세일즈 전략을 잘 세우십시오. 세일즈도 코칭을 받으면 쉬워집니다. 장열정의 열정그룹 세일즈는 고객에게 도움을 주는 활동을 합니다.

고객이 도움을 받고 싶어서 옵니다. 그리고 도움을 받기 위해 움직입니다. 그런 세일즈가 행복합니다. 하지만 다른 세일즈는 억지로 설득하려고 하기 때문에 마음의 병을 안고 삽니다. 난 그렇게 세일즈하지 않습니다.

도움이 필요한 사람에게 더 큰 도움을 주고 그 가치를 인정받습니다. 이것이 장열정이 말하는 천재적인 세일즈입니다. 당신도 고객에게 도움을 주는 천재적인 세일즈를 하십시오.

사업의 원리를 배우고 싶다면 www.1manwork.com 로 접속하여 안내를 받으십시오. 창업과 사업은 시스템입니다. 시스템이 당신의 인생을 성공시킬 것입니다. 지금 움직이십시오.

※ 당신의 깨달음을 자유롭게 적으세요. 당신의 창업지도가 됩니다.

제3부 "창업과 사업이 무엇인지 아는가?" - 장열정

장열정의 나 혼자 창업 스토리 - 아이템

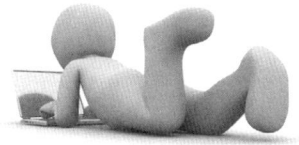

당신은 자영업을 해봤습니까?

나는 자영업을 해봤습니다. 하지만 창업과 사업의 원리를 모르고 자영업을 시작하여 2년 만에 문을 닫게 되었습니다. 내가 자영업을 할 때 왜 자영업을 실패했는지 지금은 명확하게 알게 되었습니다. 내가 정립한 장열정의 창업과 사업의 다섯 가지 원리에 적용해 봤더니 너무나 명확하게 알 수 있었습니다.

첫째 원리입니다.

'나만의 독특한 생각이 있는 아이템이 있어야 한다.'

자영업을 할 때 내가 독특한 아이템이 있었는지 떠올려 봤습니다. 그런 건 없었습니다. 새 차가 출고되면 여러 가지 시공을 합니다. 블랙박스, 썬팅, 언더코팅 등 안전과 편안함을 위해 시공을 하게 되어 있습니다. 난 그런 시공을 했습니다.

돌이켜보면 이건 특별한 아이템이 아니었습니다. 이미 기술자가 있었습니다. 그 기술자를 고용해 매번 같은 일을 했습니다.

그 때의 내 모습을 다시 떠올려 봤습니다.

'난 어떤 독특한 생각을 했지?'

난 제품을 판매할 생각만 했습니다. 어떻게 하면 잘 팔지만 생각했습니다. 제품에 대해 생각할 수 없었습니다. 제품을 파는 전략 역시 독특하지 못했습니다. 일단 많이 팔자는 생각으로 움직였습니다. 홍보의 양을 늘려 판매하려고만 했습니다.

난 나 혼자 창업 원리를 깨닫고 생각해봤습니다.

'내가 나 혼자 창업 원리를 가지고 다시 자영업을 한다면 잘 할 수 있을까?'

확신이 없었습니다. 자동차 블랙박스, 선팅, 언더코팅 등은 내 재능이 아니었기 때문입니다. 내가 좋아서 하는 일도 아니었기 때문입니다. 그렇기 때문에 성공할 수 없습니다.

판매는 많이 할 수 있습니다. 하지만 재능을 계발하지 않으면 언젠가 한계가 오게 되어 있습니다. 독특한 생각이 없는 분야는 어떤 어려움에 직면했을 때 쉽게 포기하게 됩니다.

블랙박스 제품에 문제가 있었습니다. 그래서 판매가 막혔습니다. 거기서 무언가를 스스로 독특한 생각이 있었다면 이것저것 했을 텐데 그럴 수가 없었습니다.

블랙박스 시장이 안 좋으면 가만히 있었습니다. 내가 할 수 있는 것이 없었기 때문입니다. 지금 다시 자동차용품점을 운영한다고 해도 성공할 수 없을 것입니다. 독특한 생각을 제품에 넣을 수 없기 때문입니다. 자동차용품은 내가 사랑하는 분야도 아이템도 아니기 때문입니다.

독특한 생각이 없는 분야는 어떤 어려움에 직면했을 때 쉽게 포기하게 됩니다. 블랙박스 시장이 안 좋으면 가만히 있었습니다. 자동차 썬팅에 대한 안 좋은 보도가 나가도 가만히 있었습니다.

내가 할 수 있는 건 블로그 마케팅뿐이었습니다. 어떻게든 모으고 어떻게든 싸게 파는 것이 내가 할 수 있는 가장 최선의 일이었습니다. 지금은 어떻게 할까요?

장열정의 열정그룹엔 독특한 생각이 있습니다. 남들이 하지 못하는 나만의 생각이 있습니다. 왜 그럴까요?

지금 내가 하고 있는 일을 사랑하기 때문입니다. 좋아하기 때문입니다. 가만히 있어도 남들이 하지 못하는 일에 대한 아이디어와 엄청나게 독특한 아이디어가 튀어 나옵니다.

내 분야를 찾기까지 시간이 많이 걸렸습니다. 물론 다른 사람에 비해선 적게 걸렸습니다. 내가 좋아하는 걸 찾았을 때 난 과감하게 시작했습니다. 자신감을 갖고 뛰어들었습니다.

어려움도 분명 있었습니다. 중간 중간에 여러 과정을 겪기도 했지만 독특한 생각을 통해 더 큰 그림을 그리며 사업을 지속하고 있습니다.

독특한 생각이 있어야 합니다. 내가 좋아하는 분야인데 내가 성공할 수 없었다면 성공의 원리를 모르기 때문입니다. 성공하기 위해서는 성공하는 길을 걸어야 합니다.

아무도 하지 않는 독특한 생각을 하면 됩니다. 포기하려는 마음이 듭니까? '이건 안 돼'라고 생각합니까? 아닙니다. 당신이 그것을 하면 됩니다. 독특한 생각이란 무엇일까요?

'내가 속했던 분야, 직업의 사람들에게 이런 어려움이 있어. 내겐 그걸 해결해 주고 극복하고 더 나은 행복과 성공을 누리게 할 수 있어'라는 것이 바로 독특한 생각입니다.

내겐 독특한 생각이 있습니다.

한 사람이 나 혼자 창업으로 직업을 바꿀 수 있다.
한 사람이 나 혼자 창업으로 인생을 역전할 수 있다.
한 사람이 나 혼자 창업으로 1인기업을 브랜딩할 수 있다.
한 사람이 나 혼자 창업으로 1인마케팅을 할 수 있다.
한 사람이 나 혼자 창업으로 돈도 많이 벌 수 있다.
한 사람이 나 혼자 창업으로 억대수입을 올릴 수 있다.
한 사람이 나 혼자 창업으로 세계적인 기업이 될 수 있다.
한 사람이 나 혼자 창업으로 평생 직업을 가질 수 있다.
한 사람이 나 혼자 창업으로 성공과 행복을 누릴 수 있다.

한 사람의 직업을 바꾸고 인생역전하게 하는 생각이 내 독특한 생각입니다. 한 기업이 브랜딩과 마케팅을 지속해 나가게 하는 생각이 내 독특한 생각입니다.

한 사람의 평생 직업을 돕고 성공과 행복을 누리게 할 수 있다는 생각이 나만의 독특한 생각입니다.

나는 생각을 생각에서 멈추지 않고 처음 시작한 1인창업연구소에서 열정그룹으로 사업을 확장해 1인출판연구소, 1인미디어연구소, 퍼스널브랜딩연구소, 1인마케팅연구소, 1인아트연구소, 자산가연구소, 삶연구소로 운영하고 있습니다.

나만의 독특한 생각이 있는 분야를 가장 크게 여겨 사랑하는 분야에서 나 혼자 창업을 시작하십시오. 처음엔 아무것도 보이지 않습니다. 당연한 일입니다. 지금은 단순한 생각이고 아이템일 뿐이기 때문입니다.

그 생각을 실현해 갈 수 있는 창업가, 지속해 나가는 사업가가 크게 성공하는 것입니다. 나만의 독특한 생각이 성공으로 가는 지름길의 시작입니다. 작게 시작해서 크게 성공하는 나 혼자 창업의 길에 들어서십시오.

※ 당신의 깨달음을 자유롭게 적으세요. 당신의 창업지도가 됩니다.

제3부 "창업과 사업이 무엇인지 아는가?" - 장열정

장열정의 나 혼자 창업 스토리 - 제품

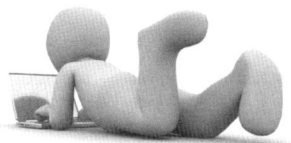

당신에겐 제품이 있습니까?

제품을 제작할 수 있는 창업을 해야 합니다. 자영업을 할 때 난 제품을 제작할 수 없었습니다. 제품을 유통업자에게 받아서 단순히 시공하는 역할을 했습니다.

블랙박스를 가장 많이 팔았는데 블랙박스는 항상 문제가 많았습니다. 어느 날 한 고객이 지방 출장을 간다고 김포공항에 2주일 동안 주차를 해 놨습니다.

장기간 주차를 할 때에 유의 사항과 작동 방법에 대해 안내를 했고 몇 번이나 확인시켰습니다. 그런데 고객은 까맣게 내 주의를 잊었습니다.

출장을 마치고 돌아온 고객은 화가 머리끝까지 났습니다. 차가 시동이 안 걸린다는 겁니다. 그는 내게 전화를 해서 따지기 시작했습니다.

"사장님이 설치하신 블랙박스 때문에 시동이 안 걸립니다. 이게 말이 됩니까? 블랙박스 때문에 차가 움직이질 못합니다."

"고객님, 제가 분명 말씀드렸습니다. 블랙박스를 장기간 주차에 맞게 변경해 놓아야 한다고 말씀드렸습니다. 블랙박스 없이도 자동차를 장기간 주차해 놓으면 방전이 될 수 있습니다. 그것이 자동차의 원리입니다."

"이럴 거면 사장님 왜 블랙박스 설치를 합니까? 사고를 방지하려고 하는 것 아닙니까? 시동도 안 걸리는 데 뭐 하러 블랙박스를 합니까? 몇 십만 원 돈을 내면서 말입니다."

블랙박스가 아니더라도 자동차는 시간이 지나면 방전되는 시스템입니다. 시동을 끈다고 해서 자동차가 전기가 끊기는 것이 아닙니다. 배터리 공급이 중단되는 것이 아니라 계속적으로 전기가 흘러나오고 있습니다.

내가 제품을 만드는 사업가라면 계속 제품을 보완하고 단점을 극복해 나가는 제품을 제작할 것입니다. 하지만 난 중소기업과 대기업이 만든 블랙박스 제품을 사서 시공만 하는 역할이었습니다. 제작 과정에서의 문제까지 시공하는 사람이 다 안고 가야만 했습니다. 제품을 떼다 파는 것엔 한계가 있습니다.

또한 남의 지식을 떼다가 그대로 앵무새처럼 이야기하는 교육도 마찬가지입니다. 누군가 질문을 하면 생각해서 말해 주는 것이 아니라 어디선가 관련 자료를 찾고 외워서 다시 알려줘야만 하기 때문입니다.

그런 창업과 교육이 얼마나 성공할 수 있을까요? 또한 얼마나 지속할 수 있을까요? 창업의 성공 비결은 지속입니다. 자영업을 할 땐 제품을 사서 시공만 해야 했습니다.

대부분의 자영업이 그렇습니다. 대표적으로 프랜차이즈가 이렇게 하고 있습니다. 이미 만들어 놓은 걸 팝니다. 제품 시장이 안 좋아져도 바꿀 수 없습니다. 프랜차이즈 본사에서 바꾸지 않으면 가만히 있어야 합니다.

창업으로 성공하고 싶습니까?

그렇다면 당신 스스로 제품을 만들 수 있는 창업을 시작해야 합니다. 처음은 쉽지 않을 것입니다. 그러나 그 창업이 성공하고 지속할 수 있는 출발점입니다.

자영업에 실패하는 대부분은 셋 중 하나입니다.

첫째, 제품을 만들지 못해서
둘째, 제품을 팔지 못해서
셋째, 제품을 만들지도 팔지도 못해서

제품을 잘 만들어 잘 팔면 무조건 성공하게 됩니다. 창업을 할 때 스스로 제품을 제작하고 나만의 독특한 아이디어로 계발해 나

가고 제품의 형태도 바꿔서 다양하게 구성할 수 있어야 사업이 성공합니다.

재능이 없다면 계발하는 시간을 갖고 시작해야 합니다. 단순히 쉽게 시작해서 쉽게 끝나는 지금의 창업은 당신의 돈과 비용, 시간과 꿈을 모두 앗아갈 것입니다.

하지만 당신이 장열정이 말하는 첫 번째, 두 번째 원리로 시작하면 평생직업이 될 것이고 평생사업이 될 것입니다.

제품에 대해 깨달으십시오.

'내가 어떻게 제품을 만들어?'

아닙니다. 요리를 하나 만드는 것도 제품입니다. 강연 하나, 교육 하나, 책 한 권도 제품입니다. 고객이 돈을 내는 모든 것이 제품입니다. 제품에 대해 깨달아 창업하십시오.

제3부 "창업과 사업이 무엇인지 아는가?" – 장열정

장열정의 나 혼자 창업 스토리 – 매장

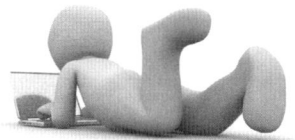

당신은 매장을 어떻게 통제하고 있습니까?

제품과 매장을 스스로 통제할 수 있어야 합니다. 내가 판매하는 제품엔 항상 문제가 많았고 매장은 유지하기도 바빴습니다.

제품엔 문제가 자주 발생하곤 했습니다. 시공 후 테스트를 할 때 분명 잘 됐는데 집에만 돌아가면 잘 안된다며 불평불만 전화가 끊이질 않는 것입니다.

"사장님, 블랙박스가 안 켜져요."

"네, 오세요. 고쳐 드리겠습니다."

새로 제품을 교체해 준적도 많습니다. 내가 만든 제품이 아니니 제품에 문제가 너무나 많았고 또한 고치지도 못했습니다. 내가 제작자였더라면 근본적인 원인을 찾아 해결할 수 있었을 것입니다. 하지만 해결이 아닌 제품을 교환하는 것밖엔 내가 할 수 있는 것이 없었습니다.

매장은 고객이 원하는 제품을 생각해서 사고파는 활동이 일어나야 합니다. 하지만 자동차용품점을 운영할 땐 매장을 청소하기 바빴습니다. 유리창을 닦고 하루에 한번 물청소를 하고 청결만 생각했습니다. 그것만으로도 벅찼습니다.

만일 고객이 찾아왔을 때 고객이 원하는 제품만 사게 하는 것이 아니라 고객의 요청에 맞게 도움을 줄 수 있었더라면 어땠을까요? 추가적인 매출이 많이 일어났을 것입니다.

스스로 제품과 매장을 통제할 수 있는 아이디어가 없었고 무엇보다 출발이 잘못되었다는 걸 뒤늦게 깨달았습니다. 나만의 독특한 아이디어로 시작하지 못했기 때문입니다.

'블랙박스 팔아야지', '자동차 썬팅해서 빨리 보내야지'라고만 생각하고 하나 팔기에만 급급했습니다. '이번 달 수입을 얼마나 올려야지 그래야 내가 적자가 나지 않아, 직원 월급 주고 나는 얼마를 벌어야지'라는 수준에 머물렀습니다.

딱 그만큼만 맞춰 운영하기 바빴던 것입니다. 유지하기에도 벅찼습니다. 성공의 길을 갈 수 없었습니다. 성공하려고 해야 유지가 되지 유지하려고 하면 유지도 안 됩니다. 그래서 큰 꿈을 꾸고 시작해야 하는 것입니다.

당신은 지금 창업을 준비하면서 제품과 매장을 스스로 통제할 수 있는 아이디어가 떠오릅니까? 그것이 아니라면 배워야 합니다. 배우면 할 수 있습니다. 그 분야는 당신만의 분야여야만 합니다.

제품과 매장을 스스로 통제할 수 있다면 제품이 늘어나고 성공의 길을 가게 됩니다. 창업을 할 때 세 번째 매장 원리를 중요하게 생각하십시오. 난 이 두 가지를 자동차용품점에서 적용할 수 없었기 때문에 결국 폐업하게 되었습니다.

세 번째 매장 원리를 당신이 잘 적용한다면 당신의 매장과 제품은 계속적으로 바뀔 것이며 고객에게 도움을 줄 수 있는 천재적인 시스템이 될 것입니다. 깨닫는 만큼 얻고 누리게 됩니다.

※ 당신의 깨달음을 자유롭게 적으세요. 당신의 창업지도가 됩니다.

제3부 "창업과 사업이 무엇인지 아는가?" – 장열정

장열정의 나 혼자 창업 스토리 – 마케팅

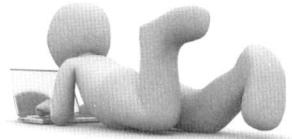

당신은 고객을 스스로 모을 수 있습니까?

고객을 스스로 모을 수 있어야 합니다. 난 자영업을 할 때 고객을 스스로 모아 1년간 대박집으로 유명했습니다. 그 이후 어느 날 갑자기 시스템이 사라져 마케팅이 멈추고 가게는 문을 닫게 되었습니다.

마케팅을 스스로 할 수 있을 땐 1년 동안은 대박이었습니다. 아침 일찍 출근해 저녁 늦게까지 일하며 고객을 응대하고 장사를 했습니다. 수입도 괜찮았습니다. 하지만 스스로 할 수 있는 마케팅 시스템이 무너졌습니다.

어떤 환경의 영향을 받은 것입니다. 잘 하다가도 환경의 시스템이 바뀌면 내 마케팅의 환경이 다 바뀌었습니다. 그것이 바로 블로그입니다. 블로그만 했기 때문에 새로운 이름의 검색 시스템이 바뀌면 내 글의 우선순위가 밀리고 마케팅이 멈췄습니다. 그럼 가게 매출이 뚝 끊겼습니다. 사람들이 붐비던 가게에 사람들의 발자국이 끊겼습니다.

가게엔 먼지가 쌓이고 제품에도 먼지가 쌓이기 시작했습니다. 만약 스스로 지속할 수 있는 마케팅 시스템이 있었고 단골고객을 관리할 수 있는 시스템이 있었더라면 무너지지 않았을 것입니다. 하지만 딱 1년 살이 마케팅을 하고 문을 닫아야 했습니다.

고객을 스스로 모을 수 있게끔 움직여야 합니다. 대부분 실패한 사람들은 이렇게 이야기 합니다.

"고객이 안 와요."

"손님이 없어요."

문만 쳐다보며 기다리는 운영을 합니다. 지속적으로 마케팅을 해서 하루 30분, 1시간만 투자해서 계속적으로 마케팅을 한다면 고객이 지속적으로 모이게 됩니다. 스스로 유지할 수 있는 마케팅 시스템을 갖춰야 합니다. 그것이 창업의 성공 조건입니다.

당신도 스스로 마케팅할 수 있게 움직이십시오. 모르면 배우십시오. 장열정은 스스로 마케팅할 수 있게 가장 간단하고 심플한 원리를 만들었습니다.

난 자영업을 할 때 겪었던 고객과의 이야기가 많습니다. 사진도 많이 찍어 놓았습니다. 그런데 표현하는 방법을 잘 몰랐습니다. 누군가 물어봐도 말로 표현하면 내가 생각한 것, 경험한 것, 들은 것, 깨달은 것의 몇 분의 일도 제대로 표현하지 못했습니다.

내가 장열정의 열정그룹을 세우고 책을 써내고 강연을 시작하고 고객들을 만나고서야 고객이 무엇을 궁금해 하는지 깨닫게 되었습니다.

'나 말고 다른 고객은 어땠을까?'

'나 말고 다른 사람은 이걸 사서 뭘 얻었을까?'

고객은 후기와 이야기를 궁금해 합니다.

내 고객은 나를 만나 책을 써내고 브랜딩을 했습니다. 그리고 특강에서 사람을 만나 계속해서 수입을 올리고 있습니다. 그 뿐 아니라 계속 책을 써내고 있고 제품을 만들고 있습니다.

단순한 1인기업이 아닌 크게 성공하는 길을 가는 것입니다. 그런 고객이 계속해서 늘어나고 있습니다. 내 이야기를 들어본 당신은 어떻습니까?

장열정의 나 혼자 창업원리 네 번째가 당신의 창업과 사업 성공의 속도를 내게 해줄 것입니다. 고객이 지속적으로 찾아오게 될 것입니다. 당신이 스스로 할 수 있는 마케팅 시스템을 갖추십시오. 모른다면 배우면 됩니다. 마케팅에 대해 깨닫는 만큼 얻고 누리게 됩니다.

※ 당신의 깨달음을 자유롭게 적으세요. 당신의 창업지도가 됩니다.

제3부 "창업과 사업이 무엇인지 아는가?" - 장열정

장열정의 나 혼자 창업 스토리 - 세일즈

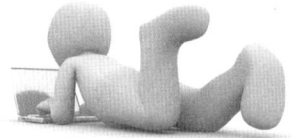

당신은 사업의 성공비결을 알고 있습니까?

사업의 성공비결은 마니아 고객입니다. 내가 자영업을 운영할 때 단골 고객의 중요함을 몰랐습니다. 단골 고객이 아닌 신규 고객만 환영했습니다.

단골 고객이 오면 "그건 그렇게 하시면 돼요"라고 퉁명스레 말하고선 신규 고객에겐 오히려 "어서 오세요! 뭘 해드릴까요"라고 친절하게 대했습니다. 마케팅이 중단되고 나서야 단골 고객, 마니아 고객의 소중함을 알게 되었습니다.

마케팅이 끊겨서 신규 고객의 발길이 끊겼다 하더라도 단골 고객이 있었더라면 그들을 지속적으로 만나 자영업을 유지는 했을 것입니다. 그럼 처음부터 단골 고객을 많이 만들고 마니아 고객을 위한 사업을 운영했더라면 신규 고객이 오든 안 오든 지속적인 마케팅을 하고 수입을 올릴 수 있었을 것입니다.

하지만 깨닫지 못했을 땐 전혀 알지 못했습니다. 자영업과 크게 성공한 기업들은 마니아, 단골 고객이 있습니다. 자영업만 해도 어떤 식당엔 10년, 20년을 찾아오는 고객이 있습니다. 그런 고객이 늘면 지속적으로 유지가 되는 것입니다.

세계적인 기업인 아이폰을 이야기 해보겠습니다. 아이폰 마니아들은 아이폰만 삽니다. 그것이 단골 고객입니다. 마니아 고객인 것입니다. 모든 전략을 마니아 고객에게 초점을 맞춰야 합니다.

단골 고객이 중요합니다. 신규 고객을 맞이하는 시스템과 단골 고객을 지속적으로 관리하는 시스템이 있다면 사업은 성공할 수밖에 없습니다.

마니아 고객에 집중하는 방법이 있습니다. 모르면 배우면 됩니다. 사업의 성공비결은 마니아 고객입니다. 마니아 고객을 위한 전략을 세워 사업에 성공하십시오. 당신의 마니아 고객이 당신의 사업과 함께 성장할 것입니다.

제4부 "나 혼자 창업은 쉽다" - 장열정
나 혼자 창업하기 쉽다

혼자서 창업하기 쉽습니다.

창업은 사업을 시작하는 걸 의미합니다. 혼자서 창업을 하면 내가 하고 싶은 일로 사업을 시작하게 됩니다. 지금 당신은 당신이 하고 싶은 일을 하고 있습니까? 그것으로 사업을 하고 있습니까?

처음부터 끝까지 내가 계획하고 내가 움직이고 내가 다스리고 있습니까? 나 혼자 창업은 그것이 가능합니다. 물론 시키는 것만 하면 편합니다. 예전에 직장에 다닐 때 누군가 내게 이런 이야기를 했습니다.

"지금 부서에선 시키는 것만 하니까 너무 편해."

"이전 부서에선 내가 생각해서 해야 하니까 너무 어려웠어."

난 그 말을 듣고 생각했습니다.

'시키는 것만 하는 것이 정말 재미있을까?'

'시키는 것만 해도 발전할까? 원하는 인생일까?'

아닙니다. 사람들은 어려운 걸 싫어합니다. 언제 어려움을 느낄까요? 자기가 하기 싫은 일을 할 때 어려움을 느낍니다. 자기가 하고 싶은 일을 할 때 느끼는 어려움은 쉽게 극복해 나갑니다.

당신이 하고 싶은 일로 사업을 시작하고 그 일을 한다는 것은 정말 축복된 일입니다. 인생의 행복입니다. 혼자서 하고 싶은 일만 하면 하기 싫은 건 하지 않아도 됩니다.

혼자서 창업을 하면 진짜 자신의 인생을 살기 시작합니다. 예전과는 완전히 다릅니다. 직장에 다니거나 다른 일을 할 땐 느끼지 못했던 책임감과 행복함을 느끼게 됩니다.

나는 혼자서 창업을 하고 진짜 인생을 살고 있다는 느낌을 받았습니다. 그리고 지금은 그런 인생을 즐기고 있습니다. 내가 살고 싶은 인생대로 사는 것, 내가 하고 싶은 일만 하며 사는 것, 이것이 진짜 인생이고 진짜 행복입니다.

당신은 지금 하고 싶은 일을 하고 있습니까?

지금 당신이 하고 있는 일이 진짜 당신의 꿈을 이루는 일입니까? 그렇지 않다면 행복을 찾아 움직여야 합니다. 지금 행복을 누리고 있다면 행복하게 그 일을 하면 됩니다.

행복하게 나만의 일을 하다가 다른 사람이 시키는 일만 하는 곳으로 가보십시오. 그것만큼 불행한 것은 없습니다. 난 평생 내가 하고 싶은 일만 하며 사업을 하고 다른 사람을 도와주며 행복하게 살 것입니다.

난 절대 자영업과 직장으로도 돌아가지 않습니다. 그것이 내가 원하는 인생이 아님을 깨달았기 때문입니다. 남의 인생이 아닌 당신의 인생을 위해 사십시오. 당신의 사업은 당신에게 돈이 들어오는 것이고 당신을 믿고 따르는 고객이 당신에게 신뢰를 표현하고 가치를 표현합니다.

혼자서 창업하기 쉽습니다. 하고 싶은 일만 하면 되기 때문입니다. 당신도 하고 싶은 일만 하는 나 혼자 창업을 시작해서 당신의 진짜 인생을 시작하십시오.

100세 시대에는 언젠가는 창업을 해야 하는 시대입니다. 깨닫는 만큼 얻고 누리게 됩니다.

※ 당신의 깨달음을 자유롭게 적으세요. 당신의 창업지도가 됩니다.

제4부 "나 혼자 창업은 쉽다" - 장열정
나 혼자 사업하기 쉽다

내가 하고 싶은 일을 지속적으로 하는 것이 얼마나 행복할까요? 난 수많은 창업가들을 봤습니다. 그들도 하고 싶은 일이 있어서 시작했습니다. 하지만 아주 작은 일 때문에 원치 않는 일을 하는 곳으로 다시 돌아갑니다.

그런데 정말 아이러니한 상황은 100세 시대에 50년까지만 직장에 있을 수 있습니다. 그리고 50년 후엔 결국 자신이 하고 싶은 일을 해야 합니다. 그런데도 사람들은 그것을 미룹니다.

'10년 뒤 20년 뒤에 하면 되지', '지금은 복잡한 게 싫어', '어려운 거 생각하는 게 싫어', '책임지기 싫어'라고 이야기합니다.

안정적인 월급을 받는 것이 가장 좋다고 말합니다. 하지만 더 쉽고 더 행복한 일은 내가 하고 싶은 일을 지속적으로 하는 것입니다. 내가 잘 하는 일을 지속적으로 하는 것입니다.

당신이 말을 잘 하는데 글만 쓰라고 하면 좋겠습니까?

반대로 당신이 글을 잘 쓰는데 말만 하라고 하면 어떨까요?

당신은 고객에게 세일즈를 하기 싫은데 자꾸 세일즈를 하라고 시키면 어떨까요?

내가 하고 싶은 일을 계속 한다면 세일즈 방식도 내게 맞춰 바꿔 갈 수 있습니다. 전화가 하기 싫으면 문자를 하면 되고 카톡을 하면 됩니다. 카톡을 하기 싫으면 문자만 보내도 됩니다. 대화하기 싫으면 단답형으로 일방적으로 보내면 됩니다.

대화를 잘 못하겠습니까? 혹은 어떤 사업을 하는데 어떤 부분에서 어려움을 느끼고 있습니까? 거기서 고민만 하지 말고 나만의 대화 스타일을 만들어 보십시오. 그럼 얼마나 쉽겠습니까? 사업은 그토록 쉬운 것입니다. 내가 잘하는 것으로 사업을 이끌어 나가고 내 스타일대로만 운영하면 되기 때문입니다.

내 스타일에 맞지 않는 방식을 붙잡고 낑낑거릴 필요 없습니다. 과감하게 맞지 않는 부분은 안 해도 됩니다. 잘 맞는 방법을 계발하십시오. 그것이 지금까지 장열정이 했던 방법입니다.

어려운 것은 쉽게 만드는 것이 천재적인 지혜입니다. 나 혼자 창업과 나 혼자 사업을 하다 보면 그것을 깨닫게 됩니다. 어려운 것을 쉽게 만들고 쉬운 것은 더 쉽게 만들면 됩니다. 쉬운 것을 자동화시켜 놓으면 됩니다. 물론 그 시스템을 구축하는 데에는 시간이 걸립니다. 하지만 시스템을 구축해 놓으면 그 다음부턴 행복을 누리기 바쁩니다.

내가 하고 싶은 일을 지속적으로 운영하는 것은 정말 쉬운 일입니다. 더 어려운 것은 내가 하기 싫은 일을 하는 것이 더 어려운 일입니다. 하지만 수많은 사람들은 그런 선택을 합니다.

당신은 쉬운 선택을 하십시오. 내가 하고 싶은 일을 나만의 스타일로 창업을 하고 지속적으로 사업을 운영해 나가십시오. 내가 원하는 인생을 위해 돈, 시간, 노력을 투자해서 내가 하고 싶은 일만 평생 동안 한다는 생각으로 행복하게 사십시오. 이것이 최고의 인생입니다. 이것이 당신이 원하는 인생 아닙니까?

창업과 사업을 위해 지금 움직이십시오. 010.6567.6334로 "창업과 사업을 코칭받고 싶습니다. 성공하는 사업가가 되고 싶습니다"라고 문자를 보내십시오.

작게 시작해서 크게 성공하는 사업가가 될 것입니다. 나 혼자 창업을 지금 시작하십시오.

※ 당신의 깨달음을 자유롭게 적으세요. 당신의 창업지도가 됩니다.

제4부 "나 혼자 창업은 쉽다" – 장열정

나 혼자 제품을 만들기 쉽다

　혼자서 제품을 만드는 것은 쉽습니다.
　내가 가진 것으로 제품을 만들면 됩니다. 제품은 여러 가지 형태가 있습니다. 책을 잘 쓰면 책을 쓰면 됩니다. 동영상을 잘 만들면 동영상을 제품으로 만들면 됩니다. 둘 다 잘하면 둘 다 해도 됩니다. 그런데 수많은 사람들이 반대로 노력합니다.
　책을 잘 쓰는데 동영상을 만들려고 노력합니다. 물론 좋습니다. 그러나 잘하는 것을 더 잘하는 것이 사업가의 실력입니다.
　나는 처음엔 글을 많이 썼습니다. 하지만 그건 내 스타일이 아니었습니다. 나는 말을 해야 했습니다.
　내가 말로 제품을 만들기 시작했습니다. 그랬더니 제품이 책으로도 만들어지고 영상으로도 만들어졌습니다. 이것이 내가 그토록 원했던 나 장열정만의 시스템입니다. 내가 잘하는 것을 더 잘하게 하는 시스템이 나를 성공하게 했습니다.

내가 잘하는 재능을 깨닫고 나만의 스타일로 사업을 만든다는 것이 나 혼자 창업이 시작입니다. 당신이 가진 것으로 제품을 만들면 됩니다. 많은 사람들이 자신이 가진 것이 무엇인지 모릅니다. 가진 것이 정말 많은데도 말입니다.

한 분야에서 독특한 생각을 가진 사람들이 많습니다. 그런데 그들은 가진 것을 크게 생각하지 않습니다. 내가 가지지 못한 것, 남들이 가지고 있는 것에 부러움만 느낍니다. 자신이 가진 것에 대한 진정한 가치를 수많은 사람들이 모릅니다.

나 또한 그랬습니다. '내가 영상을 잘 만드는데 이건 쉬우니까 사람들은 다 알겠지'라고 생각했습니다. 아니었습니다.

내가 디자인을 잘 하니 이 디자인은 너무나 쉬운 거라 생각했습니다. 하지만 내가 창업을 하니 내 디자인 기술의 가치는 엄청나다는 걸 깨달았습니다.

나는 사람들의 마음을 움직이는 것을 잘한다고 생각했습니다. 하지만 이것을 재능이라 생각하지 않았습니다. '사람들에게 돈 내라고 하면 싫어하고 욕하면 어떡하지?'라고 걱정을 하며 아무것도 못하고 있었습니다. 내 재능을 뒤늦게 깨달은 것입니다.

사람들의 성공을 도와주고 행복을 도와줄 수 있는 엄청난 가치가 있는 재능이 바로 내 안에 있었습니다. 내가 이미 가지고 있었던 것입니다. 당신은 당신이 가지고 있는 것을 크게 생각하고 있습니까? 아니면 다른 사람이 가진 것을 크게 생각하고 있습니까?

이것이 제대로 되지 않으면 당신은 평생 남만 쫓아다니는 따라쟁이가 될 뿐입니다. 따라 하지 마십시오. 당신만의 스타일로 당신의 것을 만들어 가십시오.

이것이 당신이 평생 행복하게 사는 비결입니다.

혼자서 제품을 만들기 쉽습니다. 당신이 가진 걸로 만들면 됩니다. 내가 가지지 않은 것은 가지기 위한 시간이 필요합니다. 그렇기 때문에 가진 것으로 먼저 제품을 만드십시오. 이것이 가장 빠른 길이고 성공하는 길이고 가장 천재적인 길입니다.

깨달아야 합니다. 당신이 가진 것으로 큰 사업을 이룰 수 있습니다. 이미 당신은 큰 것을 가졌습니다. 그것을 끄집어내 제품으로 계발하는 시간을 투자하면 되는 것입니다. 당신 안에 당신만의 독보적인 제품이 있습니다.

※ 당신의 깨달음을 자유롭게 적으세요. 당신의 창업지도가 됩니다.

제4부 "나 혼자 창업은 쉽다" - 장열정

나 혼자 매장을 운영하기 쉽다

혼자서 매장을 운영하기 쉽습니다. 왜일까요? 내가 매장의 주인이고 내 마음대로 해도 됩니다. 누군가의 눈치를 보지 않아도 됩니다. 내가 주인이기 때문입니다.

"내 고객이 싫어하면 어쩌지?"

어차피 그럴 고객은 당신에게 돈을 내지 않을 고객입니다. 그렇지 않습니까? 생각해보십시오. 당신에게 돈을 내는 고객은 당신이 하는 방식이 마음에 들어 돈을 내는 것이지, 마음에 들지 않는다면 애초부터 돈을 내지 않을 겁니다.

나랑 같은 생각을 하고 같은 꿈을 꾸고 같은 행복을 누리고자 하는 사람들과 함께 하는 것입니다.

내가 직장에 있을 때 사장과 내 생각은 많이 달랐습니다. 나한테 도움이 되지 않았습니다. 사장은 본인 회사 운영에만 신경 쓰느라 바빴습니다. 나를 위한다고 하지만 결국은 자신을 위한 것이었습니다. 나는 그 사장을 보고 많은 것을 깨달았습니다.

결국 나는 내 회사를 갖기로 마음먹었습니다. 그것이 장열정 그룹의 첫 번째 시작인 1인창업연구소였습니다. 나는 고객과 함께 갑니다. 고객의 회사, 사업을 도와줍니다.

나와 함께 일을 하는 사람들도 각자의 회사가 있고 사업이 있습니다. 자신의 마음대로 운영하고 있습니다. 남의 눈치 보지 마십시오. 내 매장의 주인은 나입니다.

내 마음대로 해도 됩니다. 다른 사람이 와서 뭐라고 하면 내쫓으십시오. 당신의 집에 아무나 들어와서 여기저기 들쑤시는 걸 보고 당신은 그냥 둘 것입니까?

당신의 매장은 당신의 집입니다. 당신의 돈과 마음, 꿈과 당신의 모든 것이 그 안에 담겨 있습니다. 하지만 당신은 정작 어떻게 생각하고 있습니까? 다른 경쟁 업체의 눈치를 보고 있습니까? 다른 사업가의 눈치를 보고 있습니까?

당신이 주인이고 당신이 마음대로 할 수 있기 때문에 매장은 쉬운 것입니다. "내 마음대로 하니까 쉬워" 당연하지 않습니까?

나 혼자 창업은 그런 것입니다. 쉽게 운영하는 것입니다. 당신의 매장을 당신의 마음대로 꾸미고 바꾸고 사업을 진행하고 제품을 마음껏 출시하십시오. 당신의 매장은 당신의 것입니다.

제4부 "나 혼자 창업은 쉽다" - 장열정

나 혼자 마케팅하기 쉽다

혼자서 마케팅하기 쉽습니다.

마케팅은 콘텐츠입니다. 콘텐츠는 고객에게 도움을 주는 글과 이미지, 동영상을 말합니다. 혼자 만들기 쉽습니다.

나는 1인마케팅 시스템을 만들었습니다. 그냥 앉은 자리에서 몇 개 만들어야지 하면 바로 몇 개의 콘텐츠가 만들어집니다. 일주일 동안 마케팅 할 콘텐츠를 만들어 놓고 하루에 하나씩 마케팅이 되도록 준비해 놓습니다. 그럼 저절로 고객이 내 마케팅을 보고 찾아옵니다. 지속하면 성공하게 됩니다.

마케팅은 지속입니다. 하나 만들어 놓고 뭔가 결과를 얻고자 한다면 당신은 마케팅을 하는 동안 내내 마음이 불편할 것입니다. 내가 그랬습니다.

　나는 마케팅을 할 때 직장인이었기 때문에 뭔가 결과를 많이 내야 했습니다. 마음의 압박이 있었습니다. 나만 그런 것이 아니라 사장도 늘 마음의 압박이 있었습니다. 장기적으로 보지 못하고 단기간의 결과만을 원했습니다. 지속적인 운영에 대한 생각이 없었습니다. 나는 그런 사장을 보면서 정말 마음이 답답했습니다.

　'이 사장은 하루살이 인생이구나!'

　깨달았습니까? 지속하는 것이 고객과 함께 일하는 사람들에게 큰 비전과 꿈을 줍니다. 스스로에게도 마찬가지입니다. 내 예전 사장은 행복하질 못했습니다. 돈은 많이 벌었습니다. 돈 많이 벌면 행복할까요? 아닙니다.

　돈이 아무리 많아도 행복을 누리는 방법을 모르는 사람들이 정말 많습니다. 돈으로 얻을 수 없는 것이 있습니다. 그건 바로 행복입니다. 진정한 자유입니다.

　혼자서 마케팅을 지속한다면 자신의 사업을 지속시키고 발전시키고 성장시킬 수 있습니다. 마케팅에 대한 오해와 착각으로부터 벗어나야 합니다. 마케팅은 멀리 내다보고 지속적으로 움직여야 합니다.

　당신도 지속적인 마케팅 시스템을 갖춰 당신이 하고 싶은 일만 하며 행복한 인생을 사십시오. 이것이 나 혼자 창업입니다.

제4부 "나 혼자 창업은 쉽다" - 장열정

나 혼자 세일즈하기 쉽다

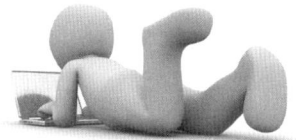

혼자서 세일즈와 판매하기가 쉽습니다.

내게 도움이 필요한 사람만 도우면 됩니다. 나한테 도움이 필요한 사람에게 "이것을 도와주겠습니다"라고 하면 됩니다. 내게 도움이 필요 없으면 함께 하지 않으면 됩니다. 내 도움도 필요가 없다는데 무슨 이유로 함께 하고 있습니까? 서로 도움을 못 주는데 말입니다.

사업가는 고객을 도와주는 역할을 합니다. 사업가는 제품과 서비스로 고객에게 도움을 주고 고객은 돈으로 가치를 인정하고 제품을 삽니다. 서로 가치를 교환하는 것입니다.

나는 내 도움이 필요한 고객에게만 집중합니다. 내 도움이 필요

없다면 관심도 갖지 않습니다. 왜일까요? 내가 아무리 관심을 가져서 무엇을 하겠습니까? 서로 지치기만 합니다.

당신은 어떻습니까? 당신에게 도움을 요청하고 기다리는 사람에게 집중하고 있습니까? 아니면 당신을 무시하고 당신의 가치를 깎아내리는 사람에게 집중하고 있습니까? 스트레스만 받을 뿐입니다. 사업가는 얻고 누리는 것을 정확하게 계산합니다. 당신에게 도움이 필요한 사람만 도우면 세일즈도 잘 됩니다.

고객은 내 도움이 필요하고 난 내가 줄 수 있는 도움을 정확히 알려줄 수 있기 때문에 서로 이해가 잘 됩니다. 말이 통합니다. 기억하십시오. 혼자서 세일즈 하려면 이것만 하면 됩니다.

내가 도움을 줄 수 있는 분야가 많아지고 제품이 많아진다면 다양한 사람들을 만날 수 있습니다. 그것이 세일즈와 판매가 많이 일어나는 비결입니다.

당신이 하고 싶은 일을 평생 하면서 당신의 도움이 필요한 사람만 만나고 도우십시오. 그것이 진짜 행복한 인생이고 행복한 사업입니다.

제5부 "직장에서 조용히 나혼자 창업하라" - 장열정
직장에서 조용히 나 혼자 창업하라

당신은 직장인입니까? 직장은 그만두고 창업을 하려 합니까?

나는 직장인을 졸업하고 창업으로 성공하여 사업가가 되었습니다. 직장을 다니면서 꿈꾸던 것이 다 이뤄졌습니다. 직장에서 받는 스트레스를 더 이상 받지 않고 내 시간과 내 행복을 누리면서 행복하게 살고 있습니다.

나도 아침 9시에 출근하고 야근하면 저녁 10시에 퇴근하는 직장인이었습니다. 이런 지긋지긋한 생활을 너무나 끝내고 싶었습니다. 내가 끝내기 싫어도 결국 시간이 지나면 직장인을 졸업해야 했습니다. 그 때가 너무나 두렵게만 느껴졌습니다.

영국의 정치가이자 노벨 평화상을 수상한 체임벌린(Chamberl

ain, 1863~1937)은 "나는 빠르게 움직인다. 성공하는 사람은 재빨리 결정을 내리고 자신의 마음을 천천히 바꾼다"라고 말했습니다. 나도 당신에게 말합니다.

"당신이 생각하는 '창업하기 좋은 완벽한 때'는 없습니다. 사업을 해보면 해야 할 것이 많습니다. 지금부터 시작해야 당신이 직장을 그만두는 날을 당신 스스로 정할 수 있게 됩니다."

나는 마음의 준비, 창업비용의 준비, 내 사업 방향에 대한 준비를 완벽히 마치고 바로 직장을 그만두고 사업을 시작하려고 했습니다. 하지만 갑작스럽게 직장을 그만두게 되었고 나는 사업가의 길로 들어서게 되었습니다.

나는 그렇게 마지막 직장을 나와 그날부터 사업을 시작했습니다. 마음이 불안해서 잠을 잘 수 없었습니다. 매달 꼬박꼬박 들어오는 월급도 받지 못하기 때문입니다.

이제 내가 움직이지 않으면 돈을 받을 수 있는 곳이 없었습니다. 그때부터 내 인생에 책임감이 들기 시작했습니다. 내 인생을 책임지는 마인드가 생기고 내 인생이 완전히 달라지기 시작했습니다.

제 5 부 "직장에서 조용히 나혼자 창업하라" – 장열정

직장을 그만두는 그 날을 준비하라

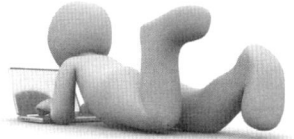

　나는 직장을 바로 그만둘 생각이 없었습니다. 직장에서 천천히 창업을 준비하면서 내 사업이 완벽한 때에 시작하려고 했습니다. 그래서 직장 생활과 창업 준비를 열심히 했습니다.
　나는 직장에서 나름 행복했습니다. 월급도 받고 내 미래도 준비할 수 있었기 때문입니다. 이렇게만 살면 행복할 것 같았습니다. 나는 내 미래에 대한 막연한 희망을 가지고 살았던 것입니다.
　그런데 어느 날 갑자기 직장을 그만두게 되었습니다. 그렇게 열심히 다니던 직장은 하루아침에 남의 회사가 되었습니다. 영원할 것 같았던 직장 생활은 그렇게 갑자기 끝났습니다.
　하루아침에 모든 것이 바뀌었습니다. 역사는 하루 만에 이루어

진다는 말이 그때서야 실감이 났습니다. 내가 의지했던 곳이 없어지는 느낌은 이루 말할 수 없었습니다.

나는 창업가와 사업가를 많이 만났습니다. 그들이 직장을 그만두고 하는 이야기가 있습니다.

"직장을 그만두기 위한 준비를 오랫동안 했는데 하루 만에 끝나더라고요. 오랫동안 준비할 필요도 없어요."

직장은 당신을 위한 곳이 아닙니다. 직장은 당신이 잠깐 거쳐 갈 그런 곳입니다. 그곳에 마음을 둔다면 당신의 인생에 큰 시련이 한번 찾아올 것입니다. 그 시기는 바로 직장을 그만두는 날이 될 것입니다.

당신 스스로 직장을 그만두는 시기를 정하십시오. 지금 당신이 직장인이라면 그 곳에서 당신의 직장을 만드십시오. 당신의 회사를 창업하십시오.

지금은 100세 시대입니다. 인생의 절반을 직장에서 지내도 나머지 50년 동안 먹고사는 문제가 해결되지 않습니다. 직장에서 나와 다시 직장에 가거나 창업해야 하는 시대입니다. 어차피 창업은 무조건 해야 하는 시대가 지금 이 시대입니다. 깨달아야 합니다.

아직도 '나중에 하지 뭐', '그때가 되면 하겠지'라고 생각하면 큰일입니다. 그렇게 생각한 은퇴자들이 자영업에 실패하여 수억의 빚을 안고 있습니다.

그들의 뒤를 밟지 않으려면 당신도 깨닫고 움직여야 합니다. 당신이 깨닫고 지금부터 움직여야 할 때입니다.

제5부 "직장에서 조용히 나혼자 창업하라" - 장열정
직장에서 내가 원하는 시기에 나오기로 결단하다

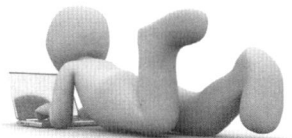

나는 직장을 세 번이나 옮겼습니다. 그 세 번 모두 내 상사와 사장은 이런 말을 했습니다.

"나도 그런 경험을 했다. 그러니 너도 그런 경험을 해야 한다. 너도 참아야 한다. 누구나 그런 경험을 한다. 그들 모두 참는다. 그것을 견뎌 내야 이 자리에 있을 수 있다."

그럼 내 꿈은 그들이 앉아 있는 높은 자리입니까? 아니었습니다. 그것은 내 꿈이 아니었습니다. 내 꿈은 내가 원하는 일을 하면서 내가 행복하게 사는 것이었습니다. 하지만 내가 그 일을 할 때 행복하지 않았습니다.

만약 내가 그 높은 자리로 승진했을 때 행복하지 않을 것 같았습니다. 그 사람들의 삶이 부럽지 않았습니다. 그 삶은 내가 원하는 삶이 아니었습니다.

내가 조금 더 빨리 깨달았어야 했습니다. 그 높은 자리에 있는 사람들은 다들 그렇게 이야기합니다. 그들이 내 꿈인 것처럼 이야기합니다. 내 꿈은 내 꿈이고 그들의 꿈은 그들의 꿈입니다.

나는 직장 생활의 한계를 느꼈습니다. 나는 직장 생활을 하면서 엄청난 아이디어를 냈습니다. 직장에서 내 아이디어를 실현하면 좋은 결과가 있을 것이라 확신했습니다.

하지만 내가 원하는 일을 할 수 없었습니다. 직장에 도움이 되고 직장의 문제를 해결할 수 있는 엄청난 천재적인 아이디어였음에도 불구하고 그들은 내 아이디어를 무시했습니다.

나는 한계를 느꼈습니다. 그저 그들이 시키는 대로 해야 했습니다. 내 아이디어를 직장에 적용하기 위해서는 그들이 시키는 대로 하면서 높은 자리에 오를 때까지 참고 견뎌야 했습니다. 그렇게 해서는 도저히 발전할 수가 없었습니다.

생활도 어려웠습니다. 직장 생활을 참고 견디면서 하면 생활은 편해야 하지 않습니까? 그런데 생활도 어려웠습니다. 더 놀라운 것은 팀장, 부장도 생활을 어려워했습니다. 그들도 그만두는 날만 기다리고 있었습니다.

그들은 참아야 한다고 하면서 그들조차 행복이 없이 어려워하고 있었습니다. 그들이 그런 표현을 하고 그들이 그런 이야기를 하면서 그저 참으라고 했습니다. 도저히 어디에서도 행복을 느낄 수 없었습니다. 그런데 왜 그렇게 참아야만 할까요?

오로지 높은 자리로 가기 위해 참고 견디는 것입니다. 그리고 막연한 희망을 품습니다. '내가 언젠가는 좋아지겠지, 내가 그곳에 갈 수 있겠지. 언젠가는 끝나겠지'라고 하면서 말입니다.

이런 고통은 직장을 그만두면 해결됩니다. 대부분 다 그렇게 이야기합니다. 직장을 그만둔 사람들은 스트레스를 졸업했습니다. 그럼 무엇 때문에 있습니까? 생활비, 단지 먹고 사는 문제를 해결하기 위해서 그곳에 있는 것입니다.

※ 당신의 깨달음을 자유롭게 적으세요. 당신의 창업지도가 됩니다.

제5부 "직장에서 조용히 나혼자 창업하라" - 장열정

직장 생활은 안정된 생활이 아닌 시한부 생활이다

나는 결혼하기 전에는 부모님을 보고 직장 생활을 했습니다. 부모님은 그저 안정된 직장 생활에 먹고사는 문제를 해결하는 직장을 원했습니다. 그런 곳이면 된다고 했습니다.

승진이 빠른 곳, 인정받는 곳이면 된다고 했습니다. 하지만 내가 결혼을 하니 내 가족을 책임져야 했습니다. 그런데 나는 아내보다 적은 월급을 받고 있었습니다.

아내가 임신을 하거나 육아를 하게 될 경우는 내 가정의 생활비가 흔들리게 되었습니다. 그러면 어떻게 해야 합니까? 내가 더 많이 벌면 됩니다. 더 많은 돈을 벌기 위한 행동을 해야 했습니다.

그래서 나는 직장에서 내가 재능도, 능력도 아닌 것을 계발하기 시작했습니다. 왜 그랬을까요? 단지 월급을 많이 받기 위해서입니다. 내 꿈이 아니었습니다. 회사의 비전을 이루기 위해서입니다. 그것은 내 비전과는 달랐습니다. 내가 원하는 것이 아니었습니다.

그리고 자녀를 생각하니 도저히 이렇게는 살지 못할 것 같았습니다. 내 평생 어느 곳에서도 행복하게 살 수 없었습니다. 내 시간을 저당 잡혀야 했습니다.

내가 원하는 시간을 쓸 수가 없었습니다. 내가 쉬려고 하면 눈치를 봐야 했습니다. 내가 거짓말을 해야 쉴 수 있었습니다. 내가 편하게 쉬려면 거짓말을 해야 했습니다.

거짓말을 해야 회사가 편하고 내가 편했습니다. 거짓말을 해야만 가족이 편하고 내가 편했습니다. 정말 이상한 상황입니다. 솔직하면 문제가 일어납니다.

결혼을 하고 자녀가 있는 직장인이라면 직장을 그만두기 쉽지 않을 것입니다. 나도 결혼 후 직장을 그만뒀습니다. 그때는 자녀가 없었기 때문에 쉽게 결정할 수 있었습니다.

그런데 자영업 실패 후 다시 직장으로 돌아갈 때는 첫째 딸이 있었습니다. 마지막 직장을 그만두기가 쉽지 않았습니다. 책임져야 할 자녀가 있었기 때문입니다.

만약 당신의 직장이 없어진다면 어떻게 하겠습니까? 당신이 은퇴를 한다면 어떻게 하겠습니까? 그때부터는 눈앞에 캄캄해지는 것입니다. 그래서 지금 시작해야 합니다. 멀리 보고 크게 생각해서 지금 창업해야 합니다.

제5부 "직장에서 조용히 나혼자 창업하라" - 장열정
사장은 놀러 다니고 나는 죽어라 일만 했다

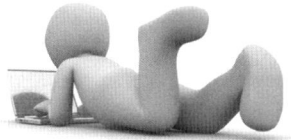

나는 직장을 그만두려고 결정한 결정적인 일이 있었습니다. 나는 회사의 모든 일을 담당할 정도로 일을 많이 했습니다. 내가 없으면 회사가 돌아가지 않을 정도로 중요한 일을 맡고 있었습니다.

내가 일을 많이 하는 만큼 대우를 받고 있다고 생각했습니다. 기본 월급도 나름 괜찮았고 결과를 하나씩 낼 때마다 인센티브를 받았습니다. 나는 이것만으로도 괜찮다고 생각했습니다.

그런데 어느 날 충격을 받았습니다. 사장은 내가 온 이후로 돈을 10배나 벌게 된 것입니다. 물론 사장이니 돈을 더 많이 버는 것이 당연합니다. 그런데 그때는 이해하지 못했습니다.

왜 그랬을까요? 사장은 내가 입사하기 전에는 일을 했다가 내가 온 후로 거의 일을 안했습니다. 사장은 놀러 다니기 바빴습니다. 일을 하나 진행하려면 내가 속도를 내야 진행이 되었습니다.

내가 직장인이었을 때는 이렇게 생각했습니다.

"내가 일을 다 하는데 자기가 돈을 다 벌어? 치사해서 못 하겠네"라고 주변 사람들에게 말하고 다녔습니다. 나는 일하는 만큼 돈을 버는 것이라고 생각했기 때문입니다. 사업은 일하는 만큼 돈을 버는 것이 아닙니다.

지금 생각해보면 사장은 대단한 사람이었습니다. 능력 있는 직원을 고용해서 작은 돈을 주고 큰돈을 벌어 오게 하는 것이었습니다. 나는 그때 깨달았습니다.

"돈을 많이 벌기 위해서는 내가 사장이 되어야겠구나. 내가 일을 다 할 줄 아는데 내가 하면 되지 뭐 하러 눈치 보면서 쥐꼬리만 한 월급만 받아?"라고 외치며 회사에서 나왔습니다.

당신은 어떻습니까? 회사에서 많은 일을 감당하고 있습니까?

당신이 하는 일로 다른 사람이 사업을 하고 있진 않습니까? 맞습니다. 당신의 회사에서 하는 모든 일로 사업을 하는 사람도 있지만 당신이 하는 일, 그 일 하나만으로도 사업이 성공해서 경제적인 자유와 시간의 자유를 누리고 있는 사람들이 있습니다.

당신보다 돈도 많이 벌고 당신보다 시간도 많습니다. 당신은 그보다 시간도 많이 투자하고 한 달에 한번 휴가를 받는 것도 눈치를 보고 있지 않습니까?

나는 깨닫고 직장을 졸업했습니다. 경험을 쌓을 필요도 없습니다. 아직도 거기에 있었더라면 스펙이라는 경험만 쌓았을 것입니다. 재능과 능력을 계발하고 싶다면 사업을 하면 됩니다. 직장에서보다 백배, 천배로 재능이 계발됩니다. 정말 놀라게 됩니다. 왜 그럴까요?

나 혼자서 다 해야 하기 때문입니다. 어떻게든 해낼 수밖에 없게 됩니다. 그래서 더 많은 능력을 갖게 됩니다. 당신도 직장에서 사업을 시작하십시오.

당신이 있는 지금 그곳에서 사업을 시작해도 됩니다. 당신이 하고 있는 지금 그 일로 사업을 시작해도 되고 당신이 하고 싶었던 일을 배우면서 시작해도 됩니다.

당신이 깨달아야 할 것은 사업입니다. 사업을 어떻게 해야 작게 시작해서 크게 성공하는 지를 배우는 것입니다. 이것을 배우기 위해 장열정을 찾아오십시오. 지금 www.1manwork.com 으로 접속해 내가 여는 특강에 참여하여 인생역전하십시오.

내가 연 특강에 참석해서 나와 함께 자신의 사업을 성공시키고 있는 사람들이 있습니다. 그들 대부분이 모두 직장인이었습니다.

지금 직장에 다니면서 사업을 진행하고 있는 사람들도 있고 직장을 그만두고 직장을 다니고 있는 사람들이 있습니다. 당신도 그들처럼 하면 됩니다. 인생은 꿈대로 됩니다. 지금 시작하십시오.

※ 당신의 깨달음을 자유롭게 적으세요. 당신의 창업지도가 됩니다.

제5부 "직장에서 조용히 나혼자 창업하라" - 장열정

나는 직장에서 내 사업을 준비했다

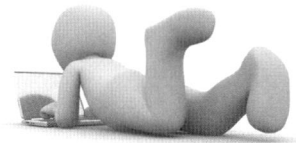

당신은 직장에서 사업을 준비하고 있습니까?

나는 직장에서 사업을 준비했습니다. 매일 내 사업을 시작하기 위한 준비를 했습니다. 이렇게 마음먹기 쉽지 않았습니다.

나는 직장에서 몰래 몰래 사업을 진행했습니다. 처음에는 양심에 찔려서 퇴근 후 새벽에 사업을 진행했습니다. 많이 피곤했습니다. 하지만 아내와 딸을 보면 움직이지 않을 수 없었습니다.

그렇게 한 달을 준비했습니다. 그런데 까마득하게 느껴졌습니다. 왜일까요? 속도가 너무나 느렸기 때문입니다. 그 속도라면 지금 시작도 못했을 것입니다.

회사의 일을 빠르게 끝낸 어느 날, 시간이 많이 남아 이것저것

해보기 시작했습니다. 회사에서 내 사업을 위한 일을 했습니다. 매력을 느꼈습니다.

그 다음날부터 회사의 일을 빠르게 끝내고 내 사업을 하기 시작했습니다. 물론 회사 일도 잘했습니다. 매일매일 결과를 냈고 고객도 계속 늘어났습니다.

나는 내 일을 하지 않고는 양심에 찔려서 아무 것도 못하는 사람이었습니다. 책임감도 강한 사람이었습니다. 단체에 소속되어 있을 때는 책임을 다하는 사람이었습니다. 회사에서 열심히 일하고 내 사업도 열심히 준비했습니다. 속도가 붙기 시작했습니다. 회사 일도 잘되기 시작했습니다.

드디어 회사에서 사업이 시작되었습니다. 출근하지 않는 주말에 고객을 만나는 시간을 가졌습니다. 그리고 퇴근 후 고객을 만났습니다. 그렇게 내 사업은 시작되었습니다.

직장에서 사업을 시작한 것이 내 인생의 터닝 포인트가 되었습니다. 직장에서 큰 맘 먹고 준비했던 것이 지금 열매를 맺고 있습니다. 당신도 직장에서 당신의 사업을 시작하십시오.

당신의 미래를 위해 어떤 사람의 눈치도 보지 마십시오. 그 사람이 당신의 미래를 책임져주지 않습니다. 당신의 미래는 오직 당신 스스로 책임져야 합니다.

제5부 "직장에서 조용히 나혼자 창업하라" - 장열정
직장에서는 내 책을 쓸 생각을 하지 못했다

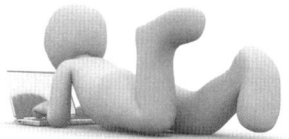

나는 직장에서 책을 쓸 생각을 하지 못했습니다. 회사 사장은 얇은 책 한권을 출간했습니다. 그 이후에 간혹 작은 출판사에서 사장에게 출간 의뢰가 들어왔습니다. 나는 그때마다 사장에게 보고했습니다.

"사장님 출판사에서 의뢰가 들어왔습니다. 놀랍네요. 어떻게 회신할까요?"

"출간의 자세한 사항을 메일로 보내라고 해봐."

"네, 알겠습니다. 신기하네요. 저는 책 쓸 엄두도 나지 않습니다."

"장팀장 책쓰고 싶어?"

"아니오, 쓰고는 싶지만 못 쓸 것 같아요."

책을 쓰고 싶다는 물음에 아니라고 대답했지만 쓰고 싶다는 말이었습니다. 나는 앞뒤가 맞지 않는 말을 많이 하고 살았습니다.

지금은 한 달에 한 권의 책을 써내는 사업가가 되었습니다. 내 가치를 높이는 퍼스널브랜딩도 계속하고 있습니다. 지속적으로 할 수 있는 시스템을 갖춰 사업을 운영하고 있습니다.

책은 성공한 다음 쓰는 것이 아닙니다. 이제는 시대가 바뀌었습니다. 책을 쓰면 성공합니다. 여기에 조건은 책을 지속해서 출간할 수 있는 시스템이 있을 때 성공합니다.

당신은 짜깁기 책을 써 본 적이 있습니까?

나는 짜깁기 책을 쓴 후 쓰레기통에 갖다 버렸습니다. 짜깁기 책을 한 달 동안 열심히 썼습니다. 그 책을 읽은 후 나는 충격을 받았습니다. 그 책은 내 책이 아니었습니다. 내 이야기는 단 한 장도 들어가지 않았고 남의 이야기만 가득한 책이었습니다.

저자 이름을 아무나 넣어도 그 사람이 저자가 되는 책이었습니다. 저자 이름을 바꾸면 누구의 책인지도 모르는 성공 모음 짜깁기 책을 쓰지 말고 당신의 삶의 이야기를 담은 책을 써내십시오.

사업을 하려면 사업에 도움이 되는 생각과 행동을 해야 합니다. 고객을 모으고 고객에게 가치를 제공할 수 있는 것에 투자하고 백 배, 천배로 거두십시오. 당신의 책을 써내 당신의 고객을 만나십시오. 당신의 책을 읽고 당신에게 찾아 온 고객은 당신의 마니아 고객이 될 것입니다.

제 5 부 "직장에서 조용히 나혼자 창업하라" - 장열정
직장에서 투잡을 한 이야기

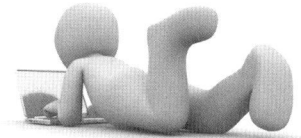

당신은 투잡을 했습니까?

나는 투잡을 해봤습니다. 마지막 직장에서 나는 투잡을 했습니다. 월급만으로는 미래를 위한 저축을 할 수 없었기 때문입니다.

나는 마지막 직장 생활 전에 자영업을 했습니다. 자영업을 할 때 거래하던 거래처 사장님과 만났습니다.

나는 사장님이 어려워하는 온라인 마케팅을 도와주기로 했습니다. 그 가치를 어떻게 교환했을까요? 나는 작은 생각을 가지고 있었기 때문에 이렇게 이야기 했습니다.

"사장님, 제가 함께 일하는 두 사람이 더 있습니다. 저를 포함해서 3명이 일을 할 테니 결과가 나기 전까지 100만 원만 주세요. 알

바 한명 쓴다고 생각하고 하세요."

지금 생각해보면 말도 안 되는 일입니다. 나는 온라인마케팅 전문가였고 실제로 직장에서 많은 결과가 일어나고 있었습니다.

아주 작은 1인기업이었던 회사가 내가 온 이후로 5명의 직원을 채용했고 천만 원을 올리던 수익에서 억대수익을 올리게 되었습니다. 이렇게 엄청난 실력을 가지고 있음에도 나는 한 가지가 없었습니다. 내 실력에 대한 가치를 모르고 있었던 것입니다.

그런데 더 놀라운 일이 일어났습니다. 내가 그렇게 거래를 시작한 사장님의 태도입니다. 내가 생각했을 때는 싸게 해주면 고맙다고 하고 오히려 사장님이 좋아할 줄 알았습니다.

그런데 사장님의 태도가 돌변했습니다. 정말 아르바이트 취급을 했습니다. 충격이었습니다. 하지만 당연한 일이었습니다. 아르바이트 시급을 받으려고 했기 때문에 아르바이트생 취급을 받은 것입니다.

자신의 가치를 스스로 높이지 않으면 절대 남이 먼저 높여 주지 않습니다. 스스로 가치를 높여야 다른 사람들이 당신의 가치를 높여 줍니다.

당신의 가치를 높이는 일을 할 때 당신의 인생이 바뀝니다. 나는 내 가치를 스스로 높여 인생역전에 성공했습니다. 당신도 가치를 높이는 일에 우선순위를 두고 바로 움직이십시오. 가치를 높이는 만큼 성공하고 행복하게 됩니다.

제5부 "직장에서 조용히 나혼자 창업하라" - 장열정
사장 모르게 준비한 창업을 공개하다

    나는 직장에서 내 사업을 준비했습니다. 내 미래를 준비하고 있었습니다. 한사람만 모르고 있었습니다. 바로 사장입니다.
    나는 내 사업을 준비할 뿐만 아니라 직원들의 창업까지 준비했습니다. 창업을 준비한다고 바로 회사를 차릴 수 있을까요? 그렇지 않습니다.
    창업을 준비하다가 보면 이제 내가 내 사업을 크게 해야겠다는 마음이 듭니다. 그때까지 시간이 걸립니다. 내가 직원들에게 창업을 준비시킨 이유는 딱 한가지입니다.
    그들의 삶에 활력을 불어 넣어 주고 미래를 준비하게 하기 위해서 입니다. 그러면 직장 생활이 소홀해지지 않나요? 아닙니다. 직장의 일에 대한 다른 안목이 생깁니다. 일을 보는 눈이 달라지고 능동적이고 주도적으로 일을 이끌어 갈 힘을 가지게 됩니다.

실제로 직원들은 자신의 직급과 연봉보다 더 많은 일을 했습니다. 더 많은 일을 하면서 더 많은 성과를 냈습니다. 내가 이끌던 회사가 단기간에 결과를 낸 이유는 바로 그들이 미래를 준비했기 때문입니다.

미래를 준비하는 자는 현재의 일에 대한 가치를 깨닫게 됩니다. 현재가 쌓여 미래가 된다는 깨달음을 얻게 되기 때문입니다. 당신도 미래를 준비하십시오. 당신의 현재가 바뀔 것이며 당신이 현재 누리고 있는 것에 대한 큰 감사를 느끼게 될 것입니다.

사장은 당신의 인생을 책임지지 못합니다. 지금 나와 함께 일을 하고 있는 사람들도 모두 자신의 사업을 운영하고 있습니다. 동업의 끝은 결국 독립적인 사업입니다. 직원의 끝은 결국 독립적인 사업입니다. 결국 인생은 독립적인 사업의 마지막 종착역입니다.

당신의 독립적인 사업을 위한 창업을 하는 데에 있어 다른 사람의 눈치를 보지 마십시오. 조용히 미래를 준비하면 됩니다. 지혜롭게 준비하는 자가 자신이 원하는 것을 얻게 됩니다.

제5부 "직장에서 조용히 나혼자 창업하라" - 장열정
당신의 창업을 위한 환경을 만들라

당신을 환경의 지배를 받습니까?

나는 환경을 만듭니다. 내가 원하는 환경은 내가 만드는 것입니다. 나는 환경 때문에 핑계 대지 않습니다. 환경은 무엇일까요?

첫 번째는 사람입니다.
두 번째는 시간입니다.
세 번째는 돈입니다.
네 번째는 실천입니다.

첫째, 나는 사람에 영향을 받지 않습니다.
나는 내가 만나고 싶은 사람만 만나고 나를 인정해 주는 사람을 만납니다. 다른 사람의 눈치를 보고 다른 사람에게 끌려 다닐 필요가 없습니다. 예전에는 내가 원치 않아도 가야 했고 내가 원치 않는 곳에서 억지로 참으며 스트레스 인생을 살아야 했습니다. 하지만 지금은 그렇지 않습니다. 내가 원하지 않는 것은 하지 않습니다. 그럼 행복합니다.

둘째, 나는 시간을 다스립니다. 내 시간을 내가 씁니다. 다른 사람이 내 시간을 침범하지 못합니다. 시간은 내 것입니다. 내가 스스로 다스립니다. 내가 통제합니다. 시간을 통제하니 시간이 저절로 나를 따라옵니다.

셋째, 나는 돈을 다스립니다. 나는 돈 때문에 포기하지 않습니다. 돈이 나를 따라오게 합니다. 돈을 다스립니다.

나는 돈의 노예였습니다. 돈이 내 행복을 위해서 있는 것이 아니라 내가 돈 때문에 살고 있었습니다. 그렇게 해서는 행복한 인생을 살 수 없었습니다. 이제 나는 돈에 끌려 다니는 노예 같은 삶을 졸업하게 되었습니다.

넷째, 이제 나는 실천합니다. 실천하지 않으면 온갖 잡다한 핑계를 대며 환경에 끌려 다니게 될 것입니다. 환경을 만들어 이끌어 가고 다스려 가야 합니다. 환경에 지배받지 마십시오. 환경을 다스리며 환경을 통제하십시오. 다스리는 사람이 리더가 될 것입니다.

세계적인 리더는 환경을 만들고 이끌어 갑니다. 환경은 내가 만드는 것입니다. 만들어진 환경을 보며 한계를 느끼지 말고 환경을 창조하는 무한한 가능성으로 살아가십시오.

제 5 부 "직장에서 조용히 나혼자 창업하라" - 장열정

밖에서만 인정받지 말고 자신과 가족에게 인정받아라

당신은 직장에서 인정받고 있습니까?

나는 내 자신에게, 내 가족에게 인정받고 있습니다. 나는 내 고객에게 인정받고 있습니다.

나는 직장에서 인정받는 사람이었습니다. 나는 직장에서 인정받으면 성공하고 행복해지는 줄 알았습니다. 내가 원하는 삶을 살 수 있을 줄 알았습니다.

하지만 나는 직장에서 인정받기 위해 더 많은 일을 해야 했고 하기 싫은 일을 해야 했고 원치 않는 일을 해야 했습니다. 내가 원하는 인생과는 전혀 다른 방향으로 살게 되었습니다.

당신은 어떻습니까? 당신은 직장에서 인정받기 위해 어떤 일을

하고 있습니까? 원치 않은 일을 하고 원치 않은 말을 하고 있습니까? 나는 이 모든 것을 졸업했습니다.

나는 내 자신에게 인정받으려고 합니다. 나는 가족에게 인정받으려고 합니다. 또한 나는 하나님을 위한 삶을 살고 있습니다. 따박따박 월급이 들어오는 직장에서 언젠가는 떠나게 됩니다.

이 책을 읽는 지금 이 순간 꼭 기억하십시오. 직장에서는 언젠가는 나와야 합니다. 그 때의 당신 모습을 상상해 보십시오.

어떤 준비도 하지 못하고 나오는 당신의 모습, 방황하는 당신의 모습이 상상됩니까? 직장에서 인정받으려고 그동안 당신이 했던 일들을 생각해보십시오. 끝까지 참았던 당신이 그렇게 되기 위해서 그 일을 한 것입니까? 아닐 것입니다. 바로 내 이야기입니다.

내가 그렇게 억지로 참아 가며 살아온 스트레스 인생이 끝났을 때 결국 내가 원하는 인생을 살기 위해 노력해야 합니다. 그래서 나는 그때가 아닌 바로 선택했습니다. 바로 움직였습니다. 그때가 되면 퇴직금과 모아 놓은 돈으로 결국 3년 만에 끝나는 자영업을 해야 했기 때문입니다.

당신도 그렇게 될 줄 어떻게 합니까? 당신은 나처럼 하지 말고 미리 준비하면 지혜롭게 그 때를 준비할 수 있습니다. 내일로 미루지 말고 오늘부터 실천하십시오.

제 5 부 "직장에서 조용히 나혼자 창업하라" - 장열정

직장에서 내 생각은 버려지고 사업에서는 제품이 된다

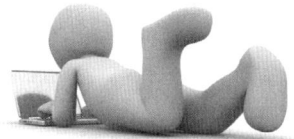

당신은 직장에서 아이디어를 많이 내고 있습니까?

나는 직장에서 아이디어를 많이 냈었습니다. 나는 그 아이디어로 사업을 하고 있습니다. 내 아이디어로 제품을 만들어 내가 원하는 것을 다 얻게 되었습니다.

나는 직장 생활에서 떠오르는 모든 아이디어를 회사에 적용하려고 했습니다. 직장 상사에게 또는 사장님에게 찾아가 창조적인 아이디어를 이야기했습니다. 그 아이디어들이 다 어떻게 되었을까요? 대부분 쓰레기통에 다 버려 졌습니다.

상사는 사장의 눈치를 보며 안 되는 이유를 내게 설명했습니다. 사장은 회사의 상황이 좋지 않다는 이야기를 했습니다. 인력이 부

족하다는 핑계를 대며 내 아이디어를 쓰레기통에 버렸습니다.

나는 내가 낸 천재적인 아이디어로 지금의 사업을 하고 있으며 행복한 삶을 살고 있습니다. 당신의 아이디어를 알아주는 사람, 당신의 아이디어의 가치를 알아주는 사람이 있습니까? 그때는 그런 사람을 만나지 못했습니다.

지금은 그런 사람들만 만납니다. 그 사람들은 바로 내 고객들입니다. 내 아이디어와 독특한 생각의 가치, 내 깨달음의 가치를 인정해 주고 가치를 지불하고 함께 이 길을 가고 있습니다.

내 고객은 나보다 경험도 많고 나이도 많습니다. 나보다 20살 30살이 많은 고객도 있습니다. 그들은 내 이야기를 듣습니다. 깨달음을 인정합니다. 그들은 내게 이런 이야기를 합니다.

"장열정 회장님, 제가 회장님보다 나이가 많지만 회장님의 깨달음이 너무나 놀랍습니다. 회장님에게 더 배우고 싶습니다. 나이를 떠나 인생에서 많이 배우고 있습니다. 저는 인생이 어렵게만 느껴졌습니다. 회장님을 만나 인생이 달라졌습니다. 정말 감사합니다."

내가 이야기를 들을 때마다 얼마나 놀라운 줄 모릅니다. 나이를 떠나 경험을 떠나 깨달음의 가치를 인정하는 것입니다.

나는 사업을 하면서 내 아이디어를 내놓으면서 많은 걱정을 했습니다. 나보다 어리고 젊은 사람들을 코치해야만 하는 줄 알았습니다. 하지만 그것이 아니었습니다. 깨달음에는 나이가 상관없습니다. 사업에는 나이가 상관이 없습니다. 사회에서는 나이가 상관없습니다. 나이로 인생을 사는 시대는 지났습니다.

단체생활에서는 나이와 경험, 연륜이 중요합니다. 하지만 사회는 단체 생활이 아닙니다. 단체 생활을 하는 사람들은 대부분 직장인이고 칸막이에 갇힌 사람들입니다.

인생은 하나님, 나, 가족, 이웃 순으로 우선순위를 두고 사는 삶이 행복한 인생입니다. 우선순위가 뒤집힌 사람, 가장 먼저 이웃을 위해 사는 사람들, 그리고 가족, 그 다음 자신, 마지막으로 하나님을 우선순위로 사는 사람들은 불행합니다. 바로 내가 이렇게 살았습니다. 이것보다 불행한 삶은 없습니다.

당신의 삶은 어떻습니까? 하나님은 내게 천재적인 지혜를 주셨습니다. 천재적인 아이디어를 주셨습니다. 바로 하나님의 말씀인 성경책을 통해서 말입니다.

나는 하나님의 말씀으로 지혜를 깨닫고 하나님의 천재적인 방법, 예수님께서 이 땅에 오셔서 행하신 천재적인 지혜를 배웠습니다. 그리고 매일 크게 깨닫고 있습니다. 천재적인 지혜는 사람에게서 나올 수 없는 전지전능하신 하나님께로부터 옵니다.

※ 당신의 깨달음을 자유롭게 적으세요. 당신의 창업지도가 됩니다.

제 5 부 "직장에서 조용히 나혼자 창업하라" – 장열정
창업은 인생을 역전시킨다

당신은 상황을 역전시킨 적이 있습니까?

나는 상황을 역전시킨 적이 많이 있습니다. 나는 직장 생활을 하면서 또 자영업과 사업을 하면서 상황을 많이 역전시켰습니다.

내가 말하는 상황이 무엇일까요? 직장 생활을 하면서 나는 내가 원하는 것을 얻기 위해 지혜를 발휘했습니다. 물론 쉽지 않았습니다. 사장과 상사는 자신이 원하는 뜻만 이야기했습니다. 나는 내가 원하는 것을 하기 위해서 지혜를 발휘했습니다.

자영업을 할 때는 고객과 상황이 역전됐습니다. 고객이 제품을 삽니다. 나중에는 환불을 해 달라고 합니다. 그리고 자신이 원하는 대로 해 주기를 원합니다.

물론 내가 고객의 입장이 되면 이해가 됩니다. 하지만 가끔씩 정말 이해 안 되는 요구를 할 때가 있었습니다. 그런 고객만 있다면 어떻게 자영업을 할 수 있겠습니까?

제품에 문제가 있다면 그것을 해결하고 책임지면 됩니다. 하지만 그렇지 않은 경우도 많았습니다. 제품에 전혀 문제가 없는데 본인은 실수 임에도 불구하고 고객은 합당하지 않은 수많은 이유를 되면서 환불을 요구했습니다.

나는 그럴 때 법의 도움을 받았습니다. 사업을 할 때 이 부분은 정말 중요합니다. 내가 법에 대해 몰랐을 때엔 고객이 황당한 요구를 하거나, 황당한 환불을 요청할 때 두려웠습니다. 고객이 원하는 대로 다 해줘야만 할 것 같았습니다.

하지만 그럴 수 없습니다. 소비자 보호원은 있지만 왜 사업가 보호원은 없을까요? 일일이 소비자만 생각하면 도저히 진행이 되지 않습니다. 전 세계 70억 명의 인구가 있고 그들의 요구는 다 다릅니다. 70억 개의 요청을 들어주는 1인사업가는 없습니다.

그래서 나는 법의 도움을 받았습니다. 법의 도움을 받으면 대부분의 고객은 오히려 두려워합니다. 상황은 역전될 수 있습니다. 내가 움직이고 더 많이 알게 될 때 역전시킬 수 있는 것입니다

나는 하나님을 더 알기 위해 하나님과 더 함께 하기 위해 움직입니다. 그것은 예수님이 내 죄를 대신해서 십자가를 졌다는 것을 믿기만 하면 상황은 역전됩니다.

나는 죄의식을 졸업했습니다. 목마름을 졸업하고 성령충만해졌

습니다. 예수님이 내게 성령충만을 주시기 위해 십자가를 지셨다는 것을 믿기만 하면 상황은 역전 됩니다.

나는 가난을 벗어나 부유한 삶을 살고 있습니다. 예수님이 내 어리석음을 대신해 십자가를 졌다는 사실을 믿었더니 저절로 부요해졌습니다. 마음의 부요가 터져 나왔습니다.

난 어리석음을 졸업했고 지혜가 터져 나왔습니다. 당신도 직장을 졸업하고 사업을 시작하면 인생의 기적이 일어날 것입니다. 당신의 상사가 당신의 고객이 될 것입니다. 내게도 일어난 일입니다. 당신도 나 혼자 창업으로 인생이 역전됩니다.

※ 당신의 깨달음을 자유롭게 적으세요. 당신의 창업지도가 됩니다.

제 5 부 "직장에서 조용히 나혼자 창업하라" – 장열정

내게 직장 생활은 감옥생활과 같았다

나는 직장 생활을 감옥 생활과 비교하기도 합니다.

얼마 전 탈옥 영화를 봤습니다. 감옥 생활을 보면서 나는 이전과는 다른 생각을 했습니다. 매일 똑같은 기상 시간과 매일 똑같은 일, 몇 년 동안 반복되는 예전 직장 생활과 같았습니다. 함께 영화를 보는 아내도 이렇게 이야기했습니다.

"여보, 예전에 우리가 했던 직장 생활이 꼭 감옥 생활 같아요."

40년 동안 감옥 생활을 하고 사회 적응을 하려는 노인은 일터에서 이런 일을 겪었습니다. 화장실을 갈 때마다 허락을 받는 것입니다. 상사는 그에게 허락을 받지 않고 가도 된다고 말합니다.

나도 예전 직장에서 화장실 가는 것도 눈치를 보며 허락을 받고

갔습니다. 내가 화장실에 가서 자리를 비울 경우 사장은 내게 눈치를 주었습니다. 화장실도 내 마음대로 가지 못했습니다.

마치 감옥과 같았습니다. 그는 감옥에서 나오면 자유를 누리는 줄 알았습니다. 하지만 직장에서도 감옥 같은 생활을 했습니다. 그는 자신의 직장을 떠나면서 이렇게 이야기합니다.

"이것이 내가 누리는 진정한 자유다."

나도 가끔 직장에서 휴가를 받아 떠나거나 여행을 갈 때 자유를 느꼈습니다. 너무나 안타까운 현실입니다. 철창만 없을 뿐이지 직장 생활은 감옥과 같았습니다.

지금은 그렇지 않습니다. 내가 가고 싶은 곳에 갑니다. 내가 일하고 싶을 때만 일합니다. 하루에 4시간 일합니다.

요셉은 감옥 생활을 했습니다. 나도 직장에서 감옥 생활을 했습니다. 그러는 중 요셉은 꿈을 꾸었고 그 꿈이 나라를 구하는 깨달음으로 전해지게 되었습니다. 나도 천재적인 지혜를 깨달아 직장이라는 감옥에서 나왔습니다. 깨달음이 인생을 바꿉니다.

당신은 어떻습니까? 당신은 철창에서 나왔습니까? 아니면 당신이 당신의 철창을 만들고 있습니까?

나는 내가 만든 철창을 부수고 나왔습니다. 그리고 다시는 뒤돌아보지 않고 자유를 느끼고 있습니다.

하나님은 우리에게 자유를 주셨습니다. 하나님은 나와 당신을 대신해서 십자가를 지셨습니다. 내 자유를 위해 십자가를 지신 것입니다. 더 이상 남을 위해 일하지 않아도 됩니다.

나를 위해 일하고 가족을 위해 일하고 하나님을 위해 일을 해도 됩니다. 그 방법만 알면 됩니다. 당신에게 큰 꿈과 믿음이 있으면 됩니다. 당신도 자유롭게 당신이 하고 싶은 일만 하며 살 수 있습니다. 그 방법을 내게 배우십시오.

성공하는 길이 있습니다. 성공하는 방법이 있습니다. 성공하는 생각이 있습니다. 그 방법을 배우면 당신은 성공하게 됩니다.

행복하게 사는 길이 있습니다. 행복하게 사는 방법이 있습니다. 행복하게 사는 생각이 있어야 합니다. 그 방법을 배우면 당신도 행복한 인생을 살게 됩니다.

※ 당신의 깨달음을 자유롭게 적으세요. 당신의 창업지도가 됩니다.

제5부 "직장에서 조용히 나혼자 창업하라" - 장열정

독립할 때 큰 축복과 기적이 쏟아진다

당신은 독립이 두렵습니까?

나는 독립해서 행복해졌습니다. 나도 처음에는 독립이 두려웠습니다. 나 혼자 생각해야 하고 나 혼자서 움직여야 하고 나 혼자서 그 결과를 책임져야 하기 때문입니다.

나는 생각하는 것도 귀찮아했고 움직이는 것도 싫어했습니다. 그리고 가장 중요한 결과에 책임을 지기도 싫어했습니다. 책임이라는 것이 너무나 두려웠습니다. 나는 항상 할 수 없다고 생각했기 때문입니다. 내가 한 번도 해보지 않은 일이면 더욱 그랬습니다.

직장에서는 각자의 역할이 있습니다. 그 역할은 너무나 작은 것들입니다. 그 역할만 잘하면 됩니다.

직장에서는 많은 생각을 하지 않고도 돈을 벌 수 있었습니다. 많은 책임을 지지 않고도 조금만 비위를 맞추면 쉽게 돈을 벌 수 있었기 때문입니다. 인생은 그렇게 쉬운 줄 알았습니다.

그런데 나는 결혼을 하고 깨달았습니다. 결혼은 부모로부터 독립입니다. 한 가정이 만들어지는 과정입니다. 나는 결혼을 통해 직장 마인드를 졸업했습니다.

내가 직장 마인드로 살 때는 아내와 사소한 다툼이 많았습니다. 가정에서 내가 맡은 역할이 있다고 생각했기 때문입니다. 그래서 나는 가정에서 직장처럼 맡은 역할만 하려고 했습니다.

나는 돈을 벌어 주는 사람, 일을 하고 들어와서 항상 피곤한 사람이었습니다. 나는 그렇게 내 역할을 스스로에게 주고 있었습니다. 내 스스로 역할을 주었더니 나는 더 힘들어 졌습니다. 내 일이 아닌 일을 할 때마다 짜증이 났습니다. 싸우기도 했습니다. 아내는 나를 이해하지 못했습니다. 돈도 나보다 아내가 더 잘 벌었습니다. 나는 자격지심이 있었습니다.

나는 직장에서도 맡은 역할만 하길 원했습니다. 많은 역할을 맡아도 결국 월급은 같았기 때문입니다. 나는 영상과 디자인 그리고 각종 콘텐츠 작업을 하기 위해 직장에 들어갔습니다. 하지만 직장에서는 내가 싫어하는 글을 쓰는 신문 작업을 시켰습니다. 내가 가장 싫어하는 일이 내 주 업무가 되었습니다.

내가 하기 싫은 일을 억지로 하고 나는 정말 쥐꼬리만한 월급을 받았습니다. 그 돈으로는 도저히 가정생활을 할 수 없었습니다. 나는 오직 사명으로 그 일을 감당하고 있었습니다.

나는 결혼을 하고 딱 3개월 만에 깨달았습니다.

'이렇게 살아서는 앞으로 내 가정에 굉장히 많은 어려움이 있겠구나.'

하나님이 내게 허락하신 가정을 내가 책임지고 이끌어 가야 했습니다. 직장에서는 그럴 수 없었습니다. 나는 과감하게 바로 그만뒀습니다.

결국 내 인생은 내가 이끌어 가야 했습니다. 나는 내 상사와 사장이 내 인생을 책임지고 이끌어 주는 줄 알았습니다. 하지만 아니었습니다. 내게 주어진 인생은 내가 책임져야 했습니다. 이것이 하나님의 뜻이었습니다.

정말 충격적인 것은 내가 정말 어려움을 겪고 있을 때 그들은 나를 모른 척 했습니다. 연락도 되지 않았습니다. 오히려 내 상황을 잘 아는 사람들이 나를 손가락질 했습니다. 큰 충격을 받았습니다. 그렇게 나를 생각해 주고 나를 걱정하는 사람들이 실질적으로 내 인생에 도움이 되지 않았던 것입니다. 당신은 어떻습니까? 당신은 누굴 믿고 있습니까? 또 누구를 의지하고 있습니까?

인생은 독립입니다. 함께 더불어 살지만 스스로 책임지는 마인드로 살 때 더불어 살 수 있는 것입니다. 책임마인드가 성공과 행복으로 인생을 이끕니다. 당신도 독립마인드를 가지고 행복한 인생을 사십시오. 독립할 때 큰 복이 쏟아집니다.

※ 당신의 깨달음을 자유롭게 적으세요. 당신의 창업지도가 됩니다.

제5부 "직장에서 조용히 나혼자 창업하라" - 장열정
누군가 당신의 이야기를 기다린다

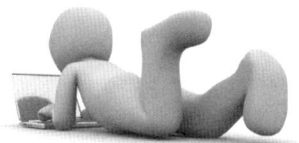

당신은 아무것도 없이 창업할 수 있다고 생각합니까?
나는 아무것도 없이 창업을 했습니다. 바로 1인창업 원리로 말입니다. 나는 처음에 사무실도 없었습니다. 나는 집에서 일했습니다. 나는 카페에서 일했습니다. 나는 돌아다니면서 자유롭게 일했습니다. 모든 곳이 내 사무실이었습니다.

나는 나만의 사무실을 갖는 것이 꿈이었습니다. 지금은 사무실도 가졌지만 처음에는 아무 것도 없이 시작했습니다. 그래서 집의 내 방을 내 사무실로 꾸며 놓았습니다. 나만의 사무실이 생긴 것입니다. 창업 초기에는 굳이 사무실 얻을 필요가 없습니다. 집이 좁다면 나만의 단골 카페를 만들면 됩니다.

고객과 코칭을 하게 되면 카페에서 하거나 스터디 룸을 잡으면 됩니다. 스터디 룸도 사무실처럼 잘 되어 있는 곳이 많습니다. 나도 처음에는 고민이 많았습니다. 고객이 믿어 주지 않을 것 같았습니다. 하지만 고객은 그것보다 내 진심을 봅니다. 내 실력을 봅니다. 나만의 노하우를 봅니다. 나는 내 일처럼 진심으로 도와줍니다. 끝까지 책임집니다. 끝까지 함께 합니다.

내가 '장열정의 1인창업연구소'를 설립하게 된 이유는 내 경험과 노하우, 깨달음이 있기 때문입니다.

'매장과 사무실이 없어도 창업을 할 수 있는 방법이 있을까?'

'직원 없이 나 혼자서 할 수 있는 창업이 없을까?'

'내가 궁금한 것들을 알려주는 곳은 없을까?'

실제로 내가 궁금한 것들을 정확히 알려주는 곳이 없었습니다. 나는 교육을 참 많이 들었습니다. 교육을 다니지 않은 곳도 있습니다. 그런 곳은 대부분 지인들이 교육을 다녀와서 이야기해 주었습니다.

나는 정확한 방법을 알고 싶었습니다. 1인창업으로 1인사업을 하는 방법이 너무나 궁금했습니다. 전체적으로 궁금한 것들이 많았지만 내가 찾는 곳은 없었습니다. 그래서 나는 그들이 말해 주지 않는 방법, 노하우를 많은 사람들에게 알려주기로 결심했습니다. 그리하여 '장열정의 1인창업연구소'가 설립된 것입니다. 기쁘지 않습니까?

나는 '장열정의 1인창업연구소'를 통해 1인창업하여 1인사업을 운영하는 모든 노하우를 알려주고 있습니다. 실제로 고객들은 그렇게 하고 있습니다. 그들이 1인사업을 운영하는 것을 보면 너무나 행복합니다.

나는 우리나라 창업 문화를 바꾸고 있습니다. 창업 문화가 프랜차이즈로 흘러가고 있어서 참으로 안타깝습니다. 프랜차이즈는 고액의 가맹비가 필요합니다. 직원도 필요하고 가게도 필요합니다. 막대한 비용 투자가 있어야 합니다.

나는 교육사업, 지식사업, 정보화사업을 하기로 했습니다. 물론 판매도 그렇게 할 수 있습니다. 시대 흐름이 변하고 있습니다. 또한 이런 사업이 고액수입으로 연결될 가능성이 가장 큽니다.

또한 누군가가 따라 하기도 힘듭니다. 자신만의 경험과 깨달음을 전하는 것이기 때문에 따라 할 수는 있어도 어설퍼집니다. 당신도 이제 아무도 따라 할 수 없는 당신만의 경험과 깨달음을 전하는 1인창업을 하십시오. 1인기업을 세우십시오.

당신도 충분히 할 수 있습니다. 당신만의 경험과 깨달음을 전하는 것은 전 세계 어디에도 없는 가장 귀한 1인창업아이템입니다. 당신의 이야기를 전하십시오. 당신만의 깨달음을 전하십시오. 사람들은 다른 사람의 이야기를 궁금해 합니다.

당신에게 특별한 경험이 있지 않나요? 당신에게 특별한 깨달음이 있지 않나요? 사람들은 궁금해 합니다. 당신이 내 경험과 깨달음을 궁금해 하는 것처럼 말입니다. 당신의 경험과 깨달음을 누군가가 기다리고 있습니다.

나는 나와 같은 어려움을 겪고 있는 사람들에게 도움을 줄 것입니다. 나는 창업 성공을 꿈꾸는 사람들을 도울 것입니다. 이것이 내가 '장열정의 1인창업연구소'를 설립한 이유입니다.

그리고 그들이 진정한 행복을 느끼며 살 수 있도록 도울 것입니다. 나와 당신은 1인기업을 세우고 함께 부자가 되어야만 합니다. 나는 그렇게 할 것입니다. 나와 당신이 함께 부자가 되어 다함께 행복하게 살게 될 것입니다. 인생은 믿음대로 됩니다.

제 6 부 "성공하고 행복하려면 생각을 바꿔라" - 장열정

꿈과 믿음이 있으면 행복한 미래가 열린다

당신은 꿈과 믿음이 있습니까?

나는 꿈과 믿음이 있습니다. 꿈과 믿음이 있으면 원하는 것을 얻게 됩니다. 꿈과 믿음이 사라지면 원하는 미래를 향해 앞으로 나가는 힘을 잃게 됩니다.

나는 꿈과 믿음을 잃은 적이 있습니다. 꿈이 없으니 잘하는 것도 좋아하는 것도 하고 싶은 것도 못하게 되었습니다. 꿈은 앞으로 나갈 수 있는 의지를 갖게 합니다. 꿈은 시작하게 합니다. 꿈을 꾸는 사람들은 앞으로 나아갑니다.

하지만 꿈에 대한 믿음이 없어지면 포기하게 됩니다. 왜 그럴까요? 꿈이 이루어지지 않을 것 같기 때문입니다. 그래서 꿈과 믿음

이 같이 있어야 합니다.

그 꿈이 이루어졌다는 믿음이 있어야 마침내 그 꿈을 이루는 것을 눈으로 보게 됩니다. 시작하고 믿음이 없어 포기하는 사람들을 보면 참 안타깝습니다. 바로 내 이야기입니다.

나는 시작을 잘했습니다. 꿈이 많았습니다. 하고 싶은 게 참 많았습니다. 그래서 다 저질렀습니다. 하지만 믿음이 없어서 이룰 수 없던 것이 너무나 많았습니다. 포기의 달인이었습니다.

지금은 큰 믿음이 생겨 꿈을 이루는 것을 눈으로 보고 있습니다. 큰 꿈과 큰 믿음이 있는 사람이 크게 성공합니다. 둘 다 있어야 됩니다. 한 가지만 있어도 안 됩니다.

당신도 큰 꿈을 가져서 시작하고 큰 믿음으로 큰 꿈이 이루어지는 것을 눈으로 보십시오. 꿈과 믿음이 있는 인생이 행복한 인생이며 하나님과 함께 하는 인생입니다.

당신도 행복한 인생, 꿈을 이루는 인생, 행복한 믿음이 있는 인생을 사십시오. 당신을 축복합니다.

제 6 부 "성공하고 행복하려면 생각을 바꿔라" - 장열정

하루를 살아도 부자처럼 살아라

당신은 하루를 어떻게 삽니까?

나는 하루를 살아도 부자처럼 삽니다. 부자를 생각하면 어떤 것이 떠오릅니까? 나는 내가 부요하게 느끼는 것을 합니다.

나는 가족과 함께 시간을 마음껏 누리며 시간을 보낼 때 부요하다고 느낍니다. 나는 성공한 다음에 가족과 시간을 누리는 줄 알았습니다.

내가 자영업 했을 때의 이야기입니다.

"여보, 오늘은 딸아이 생일이니 재미있는 곳에 놀러 가요."

"지금은 그럴 시간이 없어요. 오늘 이것도 해야 하고 저것도 해야 해요. 당신은 도울 생각은 하지 않고 놀 생각만 하는 거예요?

지금 우리 정신 똑바로 차려야 해요."

"네, 알겠어요. 다음에 가요."

이렇게 대화를 나누면 서로 토라져 한동안 아무 말도 안합니다. 그렇게 아내는 육아에 치여 살고 나는 가장의 책임에 치여 살았습니다. 하루하루가 전쟁이었습니다. 아내는 육아전쟁, 나는 돈 전쟁에 치여 하루하루를 가난하게 살았습니다. 나와 아내는 오로지 성공하면 시간을 보내야 하는 줄 알았습니다.

돈이 여유 있을 때도 마찬가지였습니다. 돈이 여유 있을 때는 돈을 더 모아서 집을 사야 한다고 그저 아끼기만 했습니다. 이렇게 살다가는 기계 같은 삶을 살아야만 할 것 같았습니다.

자영업을 하면 하루하루가 자유롭지 못합니다. 자영업 자체가 매장에 매여 있게 합니다. 자영업은 정말 하기 싫습니다. 내 시간이 없습니다. 나와 가족을 위해서 사업을 하지만 그것은 나를 위한 것이 아닌 오로지 고객을 위한 것입니다.

고객이 하라는 대로 다 합니다. 가져다 달라고 하면 가져다주고 비난받고 싸게 해줘도 싸다고 비난받고 비싸게 해주면 이런저런 이야기를 다합니다. 그런 대접을 받으면서 오로지 고객을 만족시키기 위한 삶을 살았습니다.

그런데 이상하게도 만족하는 사람은 정말 소수였습니다. 대부분 좋지 않게 끝났습니다. 하지만 나는 그 삶을 위해 계속해서 모든 것을 투자했습니다.

자영업이 끝나고 보니 만족이 아닌 빚만 남게 되고 가정불화만 남게 되었습니다. 정말 누구를 위한 자영업입니까?

나는 이렇게 어리석게 살았습니다. 하지만 지금은 어리석음을 졸업했습니다. 나는 내 행복과 가족의 행복을 누리며 삽니다.

나는 하루를 살아도 부자처럼 느끼며 삽니다. 수억의 돈을 투자해서 누리는 부요가 아니라 매일 작은 것에 큰 부요를 느끼며 삽니다. 다른 어떤 것으로도 대체할 수 없는 나만의 부요입니다.

내 안에 부요가 있습니다. 내 방식대로 사는 것이 내 부요입니다. 누군가는 해외여행을 가는 것이 부요라고 말합니다. 하지만 나는 아닙니다. 해외여행이 아닌 나는 가족과 내가 사는 잠실을 거닐 때 부요를 느낍니다. 다른 사람들은 바쁘게 일하며 돌아다니는 시간에 나는 아주 자유롭게 거리를 거닙니다.

나는 직장인과 다르게 움직입니다. 직장인이 일하는 시간에는 놉니다. 그리고 직장인이 쉬는 날에는 일합니다. 내가 가는 곳이 모두 나를 위한 곳입니다.

사람들이 북적거려서 불쾌할 필요도 없습니다. 나는 대중과 반대로 움직입니다. 그래서 대중이 느끼는 것을 느끼지 않고 천재적으로 나만의 방식으로 살고 있습니다.

그래도 될까요? 왜 안 됩니까? 도대체 누가 안 된다고 했습니까? 부모님이 안 된다고 했습니까? 선생님이 안 된다고 했습니까? 아닙니다. 인생은 죄를 짓는 것, 불법적인 것 이외에는 모두 누리면서 살아도 됩니다.

※ 당신의 깨달음을 자유롭게 적으세요. 당신의 창업지도가 됩니다.

제6부 "성공하고 행복하려면 생각을 바꿔라" - 장열정
혀가 아닌 몸을 생각하며 음식을 먹어라

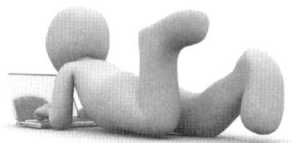

당신은 어떤 음식을 먹습니까?

나는 깨닫기 전에는 혀를 즐겁게 하기 위한 음식을 먹었습니다. 그저 맛있기만 하면 됐습니다. 하지만 지금은 몸이 건강한 음식을 먹습니다.

왜 이렇게 까다롭게 사냐고요? 나는 몸이 많이 아픈 사람이었습니다. 몸이 아프니 내가 원하는 꿈도 이룰 수 없었고 내가 원하는 곳에 갈 수도 없었으며 내가 원하는 음식도 먹을 수 없었습니다. 몸이 건강해야 원하는 행복을 누릴 수 있습니다.

맛을 위해 먹는 음식은 내 인생의 시간을 빼앗아 갑니다. 100세 인생에서 30년 이상을 빼앗아 갈 수도 있습니다. 이렇게 어렵고 힘든 세상 빨리 떠나면 좋겠다고 생각합니까?

긍정적인 말, 꿈의 말, 행복한 말을 하는 사람의 인생은 정말 행복하게 꿈을 이루며 살게 됩니다. 건강이 가장 중요합니다. 하나님의 뜻은 건강입니다. 하나님은 병을 주지 않았습니다.

나와 당신이 건강에 대한 깨달음이 없었기 때문에 병에 걸리는 것입니다. 병에 걸리는 음식을 먹으면 병에 걸립니다. 더러운 음식을 먹으면 병에 걸리는 것은 당연한 상식입니다.

더러운 음식을 먹으면 몸에 더러운 것이 들어가게 되는 것입니다. 그러면 몸이 어떻게 될까요? 서서히 병 들어가기 시작합니다.

"지금 아무 증상이 없는데요? 잘 살고 있는데요?"

네, 지금은 아무 증상이 없는 것처럼 보입니다. 그런데 말입니다. 병으로 죽어 가는 사람들을 보십시오. 증상이 서서히 나타나기도 하지만 어느 날 길을 걷다가 증상이 갑자기 나타나기도 합니다. 어느 날 자다가 갑자기 증상이 나타나기도 합니다.

서서히 병 들어가고 있기 때문에 갑자기 나타나는 것입니다. 병 들어가는 것은 확인할 수 없습니다. 병원에서 검사를 받기 전에는 말입니다. 지혜로운 자는 압니다. 서서히 병 들어가고 있는 것을 압니다. 그래서 예방합니다. 음식과 건강에 대해 깨닫습니다.

혀를 즐겁게 하는 음식이 아닌 혀와 몸을 건강하게 하는 음식을 먹어야 합니다. 음식과 건강에 대해 깨달으면 100세, 200세까지 건강하게 대부호로 살게 됩니다.

제6부 "성공하고 행복하려면 생각을 바꿔라" - 장열정
성공한 사람들은 포기를 모른다

당신은 한 곳에 계속 머물고 있습니까?

나는 한 곳에 머물지 않고 내가 원하는 곳을 계속 찾아다니고 있습니다. 이제 한 곳에 오래 머물러야 하는 시대는 지났습니다. 자신이 원하는 것을 찾아 움직이는 인생이 행복한 인생입니다.

나는 첫 직장에 계속 머무르려고 했습니다. 그런데 내가 원하지 않은 일들이 많이 생겼습니다. 주변 사람들은 내게 말했습니다.

"장열정, 네가 유별난 거야. 다들 그렇게 참고 지내면서 익숙해지는 거야. 조금만 참고 견뎌 봐. 좋은 날이 올 거야."

사람들이 말하는 좋은 날이 언제인가요? 퇴직금을 받고 퇴직하는 날일까요? 한 직급씩 승진하는 것일까요? 월급이 오르는 것일

까요? 거기에는 내가 원하는 행복이 없었습니다.

내 인생은 내 행복으로 채워져야 합니다. 그런데 내 행복이 아닌 "누구나 이렇게 하면 행복할 거야"라는 기준에 사람들은 자신의 행복을 맞추려고 합니다. 그렇게 인생을 살면 스트레스 인생을 살게 됩니다. 왜 그럴까요?

사람들이 인정하는 행복, 사람들이 부러워하는 행복, 사람들이 수군거리지 않는 그 적정선에 행복을 맞추려고 하기 때문입니다.

나는 이 모든 것을 졸업했습니다. 나는 내가 원하는 대로 삽니다. 내가 원하는 행복을 깨달았습니다. 얼마나 행복한지 모릅니다.

당신은 지금 어떻게 살고 있습니까? 당신의 행복을 깨달았습니까? 내가 당신에게 당신의 행복을 찾아 주고 싶습니다.

"와, 정말 그럴 수 있나요?"

네, 당신이 원하는 것을 깨닫게 되기 때문입니다.

물론 그 길을 가는 과정에 두려움이 생기기 마련입니다. 어떤 두려움일까요? 대부분 주변 사람들의 시선을 두려워합니다.

그 다음으로 두려운 건 자신의 습관입니다. 그동안 살아온 습관 때문에 해 왔던 것, 해 오던 것으로만 한곳에 머물며 계속하게 될 것입니다.

그런데 내가 아무리 원해도 한 곳에만 있을 수가 없습니다. 직장도 은퇴해야 하고 부모님과 함께 살다가 결혼하면 독립해야 하고 아이들이 크면 자녀들도 독립합니다.

나와 당신은 이렇게 무수한 변화 속에 삽니다. 그런데 한 번 변화할 때마다 그렇게 두렵고 머뭇거린다면 세상을 살 수 있겠습니까? 이것을 당연하게 받아들이고 지혜롭고 행복한 방법을 찾아가야 한다는 것을 깨달아야 합니다.

예수님도 한 곳에 머무르지 않으셨습니다. 예수님께서 복음을 전하기 위해 계속해서 움직이셨습니다. 사람들을 자신이 있는 곳에 오게 할 수도 있었지만 계속해서 움직이셨습니다. 깨달았습니까? 당신도 하나님의 지혜를 깨닫고 지혜의 하나님과 함께 그 음성에 따라 움직이십시오.

※ 당신의 깨달음을 자유롭게 적으세요. 당신의 창업지도가 됩니다.

제6부 "성공하고 행복하기 위해 생각을 바꿔라" - 장열정
포기하고 싶을 때 알아야 할 지혜

당신은 포기합니까?

나는 포기하지 않습니다. 나는 포기하는 사람들을 많이 봤습니다. 포기하면 그동안 해 왔던 것이 사라집니다. 정말 안타깝지 않습니까? 그동안 쌓아 왔던 공든 탑이 한 번에 무너집니다.

나는 포기하려는 창업자와 만나 이런 이야기를 나눴습니다.

"많이 힘들었나요? 무엇 때문에 포기하려고 하는 겁니까?"

"네, 그동안 마음고생을 했습니다. 제품을 만들고 책을 쓰는 건 정말 신기할 정도 잘됐습니다. 그런데 돈을 벌지 못해 생활고로 힘들었습니다."

"그렇군요. 그럼 돈을 벌기 위해 어떤 움직임을 했나요? 세일즈

와 영업을 했나요?"

"네, 해보다가 안 되서 포기했습니다. 전 1인사업의 세일즈가 안 맞는 것 같습니다."

"그렇군요. 그럼 어떤 일을 하려고 하나요?"

"예전에 하던 직장 일을 하려고 합니다."

"그럼 그 일도 나이가 있어서 그만두고 은퇴해야 하는데 그때는 무엇을 할 예정이죠?"

"그때 가면 또 방법이 있겠죠. 지금은 목에 풀칠도 못합니다. 일단 먹고사는 문제만 해결하려고 합니다."

"그렇군요. 그 마음 이해합니다. 그럼 직장에 다니면서 함께 병행 해볼 생각은 없나요?"

"네, 없습니다. 직장 일만 하려고 합니다."

"그렇군요. 그렇다면 만약 내일 당신이 고객이 당신의 럭셔리 제품을 사면 당신은 포기할 건가요?"

"아니요, 제가 포기하는 이유는 단지 돈이 없기 때문입니다."

"아, 그럼 당신의 사업이 당신과 안 맞아서가 아니라 단지 돈 때문이군요. 그럼 돈을 빌려서 하면 되지 않습니까?"

"그러기엔 제가 너무 지쳤습니다."

이 대화에서 어떤 것을 깨달았습니까?

결국 앞으로 해야 할 일을 미룬 것입니다. 내일 고객이 오면 다 해결되는 일임에도 불구하고 포기하기 때문에 그동안 했던 모든 것은 다 수포로 돌아간다는 것입니다.

당신도 포기합니까?

나는 포기하지 않습니다. 그리고 나는 지긋지긋한 옛날로 돌아가기 싫어 어떻게든 결과를 만들어 냅니다. 지금의 생활이 너무나 행복해서 다른 어떤 것과 바꾸기 싫습니다.

포기하지 마십시오. 포기하면 그동안 누리던 모든 것을 빼앗기게 됩니다. 다 잃게 됩니다.

나는 그런 사람들을 많이 봤습니다. 그들은 후회합니다. 후회밖에 남지 않습니다. 왜 그럴까요? 결국 은퇴하면 자신의 사업을 해야 하기 때문입니다.

빙빙 돌아 결국 제자리로 오게 됩니다. 지혜롭게 선택해야 합니다. 인생은 선택대로 됩니다.

※ 당신의 깨달음을 자유롭게 적으세요. 당신의 창업지도가 됩니다.

제 6 부 "성공하고 행복하려면 생각을 바꿔라" – 장열정
장열정의 지혜

당신은 지혜롭습니까?

나는 지혜롭습니다. 나는 지혜를 아주 간단하게 생각합니다.

문제가 생기면 해결 방법은 70억 개가 있습니다. 그 중에 하나님께서 내게 주신 방법을 찾기 위해 움직입니다. 그러면 문제는 문제가 아닌 재미있는 게임이 되기도 합니다.

나는 내 인생에 앞길을 선택할 때 하나만 생각합니다. 그것이 내가 원하는 것인지 아닌지를 생각합니다. 그리고 그것으로 내가 누릴 수 있는 것만 생각합니다.

다른 장애물은 다 피해 갈 방법이 있습니다. 해결 방법이 있기 때문에 나는 내가 누릴 수 있는 것만 생각하고 바로 저지르고 하나

씩 나타나는 장애물을 미리 대비합니다.

나처럼 하면 두려움이 없어집니다. 두려울 수 없습니다. 두려움은 모르는 상태에서 옵니다. 아는 상태에서도 두렵습니까? 아직 모르는 것입니다. 그것이 내게 미치는 영향력에 대해 모를 때 두렵습니다. 내게 어떤 일이 일어날지 모르면 더 불안합니다.

내게 어떤 일이 일어날지 알면 그것을 받아들이고 또 다른 지혜로운 선택을 하면 됩니다. 지혜는 바로 이것입니다.

지혜로운 선택이 지혜로운 인생을 살게 합니다. 하나님은 우주 만물을 지으신 전지전능하신 하나님이십니다. 그런 하나님이 당신에게 감당하지 못할 문제를 주시겠습니까? 절대 그렇지 않습니다.

하나님은 이미 답을 가지고 있으십니다. 하나님이 기다리는 건 당신의 전적인 믿음입니다. 왜 그럴까요? 믿음이 있으면 움직이게 되기 때문입니다. 믿음이 없으면 포기하게 되기 때문에 하나님께서는 당신의 믿음을 요구하십니다.

당신은 끝까지 믿어야 합니다. 나는 끝까지 믿습니다. 내게 방법이 떠오르지 않을 때도 있습니다. 나는 끝까지 믿고 기다립니다. 그러면 어느 날 갑자기 하루 만에 모든 일을 해결해주시고 생각지도 못한 크고 놀라운 비밀을 보여주십니다.

"하나님은 안 되는 것을 되게 하시고 바랄 수 없는 중에 바라게 하시고 없는 것을 있는 것처럼 불러내시고 죽은 자를 살리시는 하나님이십니다." 나는 내 안에 살아 숨 쉬고 계시는 하나님을 믿습니다. 하나님 사랑합니다.

제6부 "성공하고 행복하려면 생각을 바꿔라" – 장열정

럭셔리 사업을 하면 억만장자가 된다

럭셔리 사업을 하면 억만장자의 길을 걷게 됩니다.

그럼 도대체 럭셔리 제품은 누가 사나요?

당신의 열광적인 고객이 당신의 럭셔리 제품을 사게 될 것입니다. 모든 고객이 럭셔리 제품을 사는 것이 아닙니다. 당신의 열광적인 고객이 당신의 럭셔리 제품을 사게 됩니다.

럭셔리 사업이 성공하려면 열광적인 고객의 수를 많이 늘리면 됩니다. 내 전체 고객의 수가 아니라 럭셔리 제품을 사는 열광적인 고객의 수를 늘려야 합니다.

그렇게 되면 한 달 동안 열심히 일해서 돈 버는 방식이 아닌 하나 팔아서 한 달, 1년 동안 생활하는 럭셔리 사업 방식으로 돈을

벌게 될 것입니다. 그렇게 돈을 벌어도 될까요? 네, 됩니다.

럭셔리 사업을 하려면 돈 버는 생각과 방식부터 바꿔야 합니다. 한 달 열심히 일해서 한 달마다 돈을 받으려고 하지 마십시오. 매일 돈이 들어올 때도 있고 한동안 조용하다가 갑자기 큰돈이 들어올 때도 있습니다.

수많은 사람들에게는 믿음이 있습니다. 돈을 버는 방식에 대한 믿음입니다. 직장인은 한 달 동안 일해서 월말이나 월초에 돈을 받는다는 믿음이 있습니다. 이런 직장인이 사업을 하게 되면 어떻게 될까요? 수만 가지의 고민을 하게 됩니다.

하루마다 돈이 들어오면 감당하지 못합니다. 한동안 조용하다 갑자기 큰돈이 들어오면 놀랍니다. 돈이 들어올 때는 돈이 계속 들어와서 불안해합니다. 한동안 조용할 때는 극도로 불안해합니다. 다시 직장으로 돌아가고 싶은 마음이 굴뚝같아집니다.

그러다 큰돈이 한꺼번에 들어오면 난리가 납니다. 직장에 돌아갔으면 큰일 날 뻔 했다는 듯이 이야기합니다. 시간이 지나면서 한동안 또 조용해지면 그땐 또 후회하게 됩니다.

사업하려면 생각을 바꿔야 합니다. 투자할 때가 있고 거둬들일 때가 있습니다. 투자할 때 거둬들이려고 하면 사업을 할 수 있겠습니까? 거둬들일 때 투자만 한다면 사업할 수 있겠습니까? 이런 사람은 사업을 할 수 없습니다. 스스로 지치게 됩니다.

나는 창업자들의 생각부터 바꿉니다. 돈에 대한 믿음부터 바꿉니다. 생각을 바꾸면 인생이 바뀝니다. 인생은 생각대로 됩니다.

제6부 "성공하고 행복하려면 생각을 바꿔라" - 장열정

내가 원하는 행복은 내 안에 있다

당신이 원하는 행복은 어디에 있을까요?

내 행복은 내 안에 있고 당신의 행복은 당신 안에 있습니다. 나는 내 인생의 행복을 누리기 위해 많은 고민을 했습니다. 행복을 위한 일이라면 돈을 투자했고 시간을 투자했고 연구까지 했습니다. 그런데 내가 원하는 행복은 쉽게 찾을 수 없었습니다.

내가 원하는 행복은 내 안에 있었습니다. 내가 원하는 것을 누리는 것이 내 행복이었습니다. 나는 온전한 복음을 통해 내가 원하는 것을 찾았습니다.

내 행복은 내 안에 계시는 성령님입니다. 내 부요는 내 안에 계시는 성령님입니다. 내 안에 계시는 성령님은 내게 성령 충만하게

하십니다. 내게 건강과 부요를 주십시오. 내게 건강과 자유를 누리게 하시고 평안하게 하십니다.

나는 온전한 복음을 깨닫고 내 인생의 길을 찾았습니다. 내 인생이 환하게 비춰졌습니다. 내 안에 있던 행복을 뒤로 한 채 다른 사람의 행복에 나를 맞추려 했던 어리석은 짓을 멈추고 내 안에 계시는 성령님을 바라보았습니다.

나는 성령님과 함께 일합니다.
나는 성령님과 함께 걷습니다.
나는 성령님과 함께 드라이브를 합니다.
나는 성령님과 함께 책을 씁니다.
나는 성령님과 함께 강연을 합니다.
나는 성령님과 함께 사업을 합니다.
나는 성령님께 도움을 요청합니다.
나는 성령님만을 의지하며 움직입니다.
나는 성령님과 함께 행복을 누립니다.
나는 믿음으로 성령님과 끝까지 함께 합니다.

나는 온전한 복음을 깨닫기 전까지 마음이 너무나 갈급했습니다. 내 인생이 무언가로 채워지길 원했습니다. 그 무언가를 채우기 위해 수많은 고행을 했습니다. 기도원에서 수십 시간 동안 기도도 해보고 금식도 해봤습니다.

내 행복은 오직 믿음에 있었습니다. 오직 믿음으로 행복해졌습니다. 의심 없이 완전히 믿으니 행복해졌습니다. 믿음은 완전히 믿는다는 의미입니다. 완전히 믿지 않으면 믿음이 아닙니다. 그건 의심일 뿐입니다.

믿으면 행복하고 의심하면 스트레스 인생을 살게 됩니다. 나는 오직 믿음으로 행복하게 삽니다.

복음에는 하나님의 의가 나타나서 믿음으로 믿음에 이르게 하나니 기록된바 오직 의인은 믿음으로 말미암아 살리라 함과 같으니라.(롬 1:17)

※ 당신의 깨달음을 자유롭게 적으세요. 당신의 창업지도가 됩니다.

제6부 "성공하고 행복하려면 생각을 바꿔라" - 장열정
하고 싶은 일을 마음껏 할 때 행복하다

당신은 하고 싶은 일을 다 합니까?

나는 내가 하고 싶은 일을 다 합니다. 한 가지만 하는 것이 아니라 하고 싶은 일을 다 합니다.

나는 책을 쓰고 싶으면 책을 씁니다.

나는 강연을 하고 싶으면 강연을 합니다.

나는 사업을 하고 싶으면 제품을 만들어 팝니다.

나는 그림을 그리고 싶으면 그림을 그립니다.

나는 사진을 찍고 싶으면 사진을 찍습니다.

나는 산책을 하고 싶으면 산책을 합니다.

나는 여행을 가고 싶으면 여행을 갑니다.

이것이 최고의 인생이고 행복한 인생입니다. 내 행복은 내 안에 있으니 내가 하고 싶은 것을 하면 됩니다. 나는 내가 하고 싶은 것을 하기 전에 누군가에게 허락을 받아야 하는 줄 알았습니다.

내가 하고 싶은 것은 다 참아야 하는 줄 알았습니다. 내 인생의 끝에서 내가 하고 싶은 것을 해야 하는 줄 알았습니다. 하지만 그 인생은 행복한 인생이 아니었습니다.

나는 내가 하고 싶은 것은 미루지 않고 오늘 합니다. 하고 싶은 일을 하기 위해 오늘 준비합니다. 정말 그렇게 해도 되나요?

네, 됩니다. 내 인생입니다. 다른 사람의 눈치 보느라 하지 못할 이유가 하나도 없습니다.

나는 내가 하고 싶은 일을 하기에도 하루가 짧게 느껴집니다. 매일 설레는 삶입니다. 내가 꿈꾸던 일을 다 하는 삶이 얼마나 행복할까요? 이것은 내게만 주어지는 것일까요?

아닙니다. 당신도 행복하게 사는 방식을 선택하면 됩니다. 인생은 선택대로 되기 때문입니다.

제6부 "성공하고 행복하려면 생각을 바꿔라" - 장열정

건강한 음식을 먹고 건강한 삶을 살 때 행복하다

당신은 건강합니까?

나는 건강합니다. 나는 건강한 음식을 먹고 건강한 삶을 삽니다. 과거에 난 건강에 대해 생각하지 않고 살아왔습니다. 병이 생기면 병을 치료하면 된다고 생각했기 때문입니다.

건강에 무지했던 내가 건강을 유독 신경 쓰는 이유가 있습니다. 나는 책임지는 자리에 있기 때문입니다. 나는 나 자신을 책임져야 합니다. 나를 다스리고 관리하는 1인기업이기 때문입니다.

나는 가족을 책임져야 합니다. 책임이 있는 사람은 아플 수 없습니다. 아프지 않아야만 합니다. 그래서 나는 건강한 음식을 먹고 건강한 생활을 위해 많은 노력을 합니다.

누군가 내게 이렇게 이야기했습니다.

"그렇게 건강을 신경 쓰면 피곤하지 않나요?"

"나는 많이 아픈 사람이었습니다. 아프면 얼마나 피곤하고 삶이 고된 줄 아십니까? 아파 보지 않은 사람은 전혀 알 수 없습니다. 병이 걸리고 많이 아파야 그때서야 건강의 위대함을 알게 됩니다. 지혜로운 사람은 건강부터 챙깁니다. 건강해야 행복도 누리고 부요도 자유도 평안도 누리게 됩니다. 건강부터 챙기세요."

나는 내게 찾아온 고객을 책임지는 사람이기 때문에 더 건강한 삶을 살아야 합니다. 내가 건강해야 고객의 성공을 도울 수 있고 행복을 도울 수 있습니다.

책임지는 위치에 있는 사람은 건강해야 합니다. 전 세계 70억 명의 사람들 모두 책임지는 위치에 있습니다. 바로 자신을 책임져야 하기 때문입니다.

자신 스스로 책임져야 합니다. 책임지는 책임마인드가 생길 때 인생은 변화됩니다. 당신도 책임지는 책임마인드를 가지고 당신의 건강을 책임지십시오. 당신이 아프면 가족이 고생합니다. 고생하는 삶이 아닌 책임지는 삶이 행복합니다.

하나님은 나와 당신에게 건강을 책임지게 하셨습니다. 먹고 마시고 잠자는 것이 건강한 삶을 살게 합니다. 병에 걸리는 것이 하나님의 뜻이 아닙니다. 하나님은 병을 낫게 하십니다. 하나님의 뜻은 건강입니다.

제6부 "성공하고 행복하려면 생각을 바꿔라" - 장열정

일어나지 않은 일 때문에 걱정하며 고통받지 마라

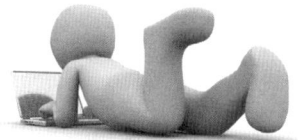

당신은 걱정이 많습니까?

나는 걱정이 없습니다. 일어나지 않을 일을 미리 생각하지 않기 때문입니다. 대부분 미래를 두려워하며 걱정합니다. 오히려 문제가 일어나면 담담하게 해결합니다. 하지만 앞으로 일어날 일에 대한 극심한 두려움으로 마음의 병이 생기곤 합니다.

나는 두려움과 걱정으로 내 마음이 항상 불안했습니다. 카페에서 책을 읽는 도중에 나는 두려움과 걱정을 이기고 싶어졌습니다. 그래서 왜 두려운 마음과 걱정이 생기는지 내 마음의 소리에 귀 기울였습니다. 나는 충격에 빠졌습니다.

나는 일어나지도 않은 문제를 가지고 마음에서 씨름을 하고 있

었습니다.

'그 일이 일어나면 어떻게 하지?'

'그 일이 일어나면 난 무엇을 해야 하지?'

'그 일이 일어나지 않았으면 좋겠는데.'

'그 일이 일어나면 나는 정말 그만둘 거야.'

나는 이렇게 생각하고 있었습니다. 그런데 그 일은 실제로 일어나지 않았습니다. 그저 막연한 미래에 대한 막연한 두려움이었습니다. 나는 일어나지도 않은 문제를 가지고 두려워했습니다.

당신도 일어나지도 않은 문제를 가지고 걱정합니까? 두려움에 밤잠을 설치고 있습니까?

난 미리 걱정하지 않습니다. 나는 오늘 내가 해야 할 일을 합니다. 내일을 준비하며 오늘 일합니다. 만약 그 일이 일어난다고 해도 해결하지 못할 문제는 하나도 없습니다.

나는 지금까지 두려움 속에 살았습니다. 그런데 생각해보면 해결하지 못한 문제는 하나도 없었습니다. 내게는 문제처럼 보였지만 하나님에게는 문제가 아니었습니다.

나는 그 문제로 인해 성장했고 백배로 강해졌습니다. 나는 어떤 문제가 와도 성령님과 함께 문제를 능히 해결합니다. 나는 깨닫기 시작하고 두려움을 기다렸던 적도 있습니다. 왜 그랬을까요? 내가 성장하고 강해질 수 있기 때문입니다.

나는 내 스스로 두려움을 성장의 기회라고 불렀습니다. 나는 성장의 기회를 기다립니다. 그 일로 인해 내가 더 큰 생각을 가지게 되고 더 크게 저지를 수 있기 때문입니다. 문제는 내게 기대와 설렘을 줍니다.

당신도 두려워하고 걱정하고 있습니까?

당신이 생각하는 문제는 거의 일어나지 않습니다. 만약 일이 생긴다고 해도 그 일은 결국 해결되거나 마무리됩니다. 결국 모두 자신의 자리를 찾아가게 되어 있습니다.

두려워하지 말고 기대하고 설레도 됩니다.

행복하기에도 하루는 짧습니다.

※ 당신의 깨달음을 자유롭게 적으세요. 당신의 창업지도가 됩니다.

제6부 "성공하고 행복하려면 생각을 바꿔라" - 장열정
부요가 내 안에서 터져 나올 때 행복하다

당신은 부요하게 살고 있습니까?

나는 부요가 내 안에 있다는 깨달음을 얻고 큰 충격을 받았습니다. 부요가 내 안에 있다는 말은 내 의식 수준이 내 가난과 내 부요를 결정한다는 말입니다.

내가 직장인일 때는 백만 원의 문제가 생기면 '어디 가서 빌릴 곳이 없나' 두리번거리면서 구걸하러 다니기 바빴습니다. 그런데 내가 사업가가 되니 생각이 달라졌습니다. 백만 원의 문제가 생기면 바로 백만 원의 제품을 만듭니다.

백만 원의 제품을 만들면 백만 원이 계속 들어오게 됩니다. 백만 원의 문제를 해결하기 위해 만든 제품이 백배의 부요를 가져오

는 것입니다.

내가 자산가의 길로 들어서고 백만 원의 문제가 생겼습니다. 그런데 내가 자산의 가격을 올리지 않아도 저절로 가격이 올라 있었습니다. 저절로 문제가 해결된 것입니다.

부요는 내 안에 있고 당신 안에 있습니다. 통장의 잔고가 나를 부요하는 것이 아닙니다. 내 안에 있는 재능, 가능성, 사업마인드가 나를 부요하게 만듭니다. 내 안에 성령님이 계십니다.

이 세상은 시장경제 원리로 살아야 합니다. 어떻게든 사고팔아 돈을 버는 방식을 선택해야 합니다.

'나는 돈이 없어서 꼭 직장을 다녀야 해'라고 생각합니까? 나도 돈 한 푼 없는 직장인이었습니다. 그런 내가 사업가와 자산가가 되었습니다. 내 의식 수준이 높아졌기 때문에 내가 직장인에서 사업가와 자산가의 길을 갈 수 있었습니다.

당신도 의식 수준을 높여야 합니다. 의식 수준을 높이는 방법은 천재적으로 깨닫는 책을 읽는 것입니다. 천재적인 코칭을 받는 것입니다. 인생이 한 번에 역전됩니다. 나처럼 말입니다.

내 부요는 내 안에 있었습니다. 내 의식 수준이 나를 부요하게 만들었습니다. 나는 앞으로 더 큰 부요를 누릴 것입니다. 내 의식 수준이 세계로 향해 가고 있기 때문입니다.

당신도 큰 꿈을 꾸고 크게 생각하고 크게 저지르십시오.

당신의 부요는 당신 안에 있습니다.

제6부 "성공하고 행복하려면 생각을 바꿔라" - 장열정

간절히 열망하고 움직이면 크게 성공한다

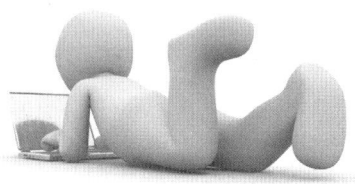

당신은 간절히 열망하고 움직입니까?

난 간절히 열망했고 움직였습니다. 크게 성공하고 싶었기 때문입니다. 창업을 너무나 하고 싶어 간절히 열망했습니다. 열망만 하지 않고 내가 움직였습니다.

꿈이 이루어졌다는 믿음으로 움직였더니 정말 모두 이루어졌습니다. 행복해졌습니다. 건강해졌습니다. 부요해졌습니다. 지혜로워졌습니다.

나는 오직 믿음으로 내가 하나님께 구한 것은 다 받았다고 믿습니다. 그래서 내가 가지고 싶었던 것을 내 믿음대로 받았습니다. 성공한 사람들은 간절히 열망하고 움직입니다. 아무리 간절해도

움직이지 않으면 아무 기적도 일어나지 않습니다.

그러므로 내가 너희에게 말하노니 무엇이든지 기도하고 구하는 것은 받은 줄로 믿으라. 그리하면 너희에게 그대로 되리라. (마11:24)

당신은 꿈이 있습니까? 그 꿈을 위해 어떤 실천을 하고 있습니까? 어떻게 움직이고 있습니까? 상황과 형편, 여건을 따지면서 다 안 된다고만 말하고 머물러 있지는 않습니까? 길이 보이지 않는다고 두려워하며 그 자리에 묶여 있지 않습니까?

움직여야 길이 보입니다. 용기 내어 한 걸음 내딛으면 없던 길도 나타납니다. 당신이 구하는 것이 있습니까? 원하는 사업이 있습니까? 원하는 빌딩이 있습니까? 원하는 배우자가 있습니까? 원하는 자동차가 있습니까?

그렇다면 구하고 찾고 두드리십시오. 세 가지 모두 하십시오. 그래야 찾게 됩니다. 구하기만 하면 얻지 못합니다. 구하고 찾은 후에 머뭇거리면 역시 얻지 못합니다.

두드려야 합니다. 두드리는 일은 처음엔 힘듭니다. 두려워서 머뭇거리게 됩니다. 그래도 두드려야 합니다. 익숙해질 때까지 두드리면 지혜가 터집니다. 깨닫게 됩니다. 두드리는 지혜도 생깁니다. 그때까지 포기하지만 않으면 됩니다. 하나님께 구하고 받았다고 믿고 움직이십시오. 간절하게 움직이는 사람이 성공합니다.

제 6 부 "성공하고 행복하려면 생각을 바꿔라" - 장열정

성공과 행복을 원한다면 용기가 필요하다

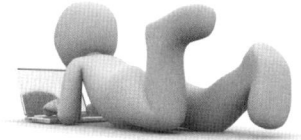

당신은 용기가 있습니까?

용기가 있다면 당신이 원하는 인생을 살게 됩니다. 난 용기를 내어 내가 원하는 말만 하고 삽니다. 내가 원하는 일만 하고 원하는 사람만 만나며 삽니다.

당신도 성공할 용기가 있습니까? 안정적으로 보이는 회사를 그만둘 용기가 있습니까? 당신의 행복을 위해 용기가 필요합니다. 집을 이사하는 것조차 용기가 없어 못하는 사람도 많습니다.

지금 있는 곳에 만족하는 것도 아니면서 단지 이보다 더 나빠지면 어쩌나 하는 두려움에 그 자리에 꼼짝 않고 서 있습니다.

난 창업할 용기가 있었고 더 이상 두려워하지 않기로 했습니다.

결단한 바로 회사를 나왔습니다. 주변 사람들은 나를 이해하지 못했습니다.

수많은 사람들이 가족과 사장과 동료의 눈치를 봅니다. 누구의 인생을 살고 있는 것입니까? 난 내 인생을 위해 살고 싶었습니다.

직장을 그만두고 창업을 시작해서 일주일 만에 수입을 올렸더니 더 이상 내게 아무런 말도 하지 않았습니다. 그만큼 난 절박했고 간절해서 큰 용기를 내어 움직였습니다.

당신은 어떤 걱정을 하고 있습니까?

나는 가족 때문에 사업을 시작하지 못하는 사람들을 많이 봤습니다. 사업을 한다면 무엇을 해야 합니까? 제품을 만들고 가치를 부가하여 홍보해야 합니다. 고객이 제품을 사게 하기 위해서는 고객을 설득해야 합니다.

당신의 아내, 남편, 부모님도 설득할 수 없는데 어떻게 고객을 설득하겠습니까?

인생에서 성공을 거두고 싶다면 지금 용기를 내십시오. 창업할 용기, 직장을 그만둘 용기, 아내와 부모님을 설득할 용기가 필요합니다. 용기를 내면 원하는 것을 얻고 인생을 바꿀 수 있습니다.

용기는 믿음에서 납니다. 직장을 그만두고 보란 듯이 창업에 성공할 용기와 믿음을 가지십시오. 그 믿음과 용기만 있다면 어떤 일도 해결하게 되고 성공과 행복을 누리게 될 것입니다.

제6부 "성공하고 행복하려면 생각을 바꿔라" – 장열정
문제를 아주 작은 먼지처럼 여겨라

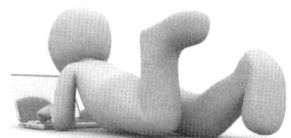

당신은 먼지 같은 일로 포기한 경험이 있습니까?

나는 포기를 잘 했습니다. 그러나 이제는 포기하지 않습니다. 창업자들이 사업을 하는 중에 아주 작은 문제를 겪습니다. 경험해 본 적이 없는 일이니 복잡하고 어려움을 느낄 수 있습니다. 그 과정에서 많은 창업자들이 포기합니다.

나도 처음에는 포기하고 싶은 마음이 들었습니다. 그러나 포기하지 않았습니다. 포기하지 않았더니 내가 원하는 것을 다 얻었습니다. 포기하고 다시 예전 자리로 돌아간다고 생각하면 그것보다 싫은 것은 없습니다. 아, 생각하기도 싫습니다.

당신은 사업의 어려움을 느끼고 다시 직장에 돌아간 경험이 있

습니까?

나도 큰 꿈을 꾸고 자영업을 시작했지만 다시 직장에 돌아갔습니다. 괜찮습니다. 직장에 들어가서 사업 자금을 모은다고 생각해도 됩니다. 마인드가 중요합니다.

"내가 꼭 원하는 일과 행복을 위한 사업을 위해 잠시 직장에 가야 해요."

네, 그렇다면 그렇게 하십시오. 자신의 인생은 스스로 다스리고 이끌고 경영해야 합니다. 잘한 일입니다. 하지만 돌아가지 않을 수 있다면 돌아가지 말아야 합니다.

나는 그렇게 사업을 다시 시작했습니다. 직장에 돌아갔다가 다시 시작한 사업이 크게 성공했습니다. 당신도 나와 같은 상황이라면 그렇게 하십시오.

당신은 당신이 정말 원하는 일을 해야 합니다. 당신부터 먼저 행복해져야 합니다. 행복하면 크게 성공하게 됩니다. 인생은 꿈대로 되기 때문입니다.

제6부 "성공하고 행복하려면 생각을 바꿔라" – 장열정

의사 결정과 실천을 동시에 하라

당신은 의사결정과 실천을 동시에 하고 있습니까?

나는 결단하고 바로 실천해서 성공했습니다. 물론 처음부터 쉽지 않았습니다. 사업은 처음에는 생소하고 어색합니다. 시간이 지나면 익숙해지고 능숙해집니다. 그 시간을 걸쳐야 하는 것입니다.

그래서 난 하루 빨리 창업하라고 합니다. 직장 생활을 하다가 창업하게 되면 처음에는 많이 힘들어 합니다. 혼자서 모든 일을 주도적으로 해야 하기 때문입니다.

직장에서는 자신이 맡은 일만 열심히 하면 됩니다. 자신의 일도 지시에 의해 결정됩니다. 누군가 내가 하는 일을 정해 놓고 내게 지시하면 그 일만 하면 됩니다. 내게 맡겨진 일만 잘하면 회사에서

는 고액 연봉도 받고 승진도 보장받습니다.

　하지만 사업은 다릅니다. 처음부터 내가 하고 싶은 일만 합니다. 나는 오늘도 내가 하고 싶은 일과 사랑하는 일만 했습니다. 사업을 하다 어떤 일이 생기면 내가 생각하고 내가 해결해야 합니다. 직장에서는 상사가 있고 사장이 있기 때문에 그 사람들에게 물어보면 됩니다.

　그럼 그 사람들은 다른 사람과 같이 해결할 수 있게 해주거나 아니면 본인들이 직접 해결하겠다고 합니다. 그 사람들의 역할은 대신 책임지는 것입니다. 그래서 고액 연봉을 받습니다.

　사업은 결단하는 동시에 실천해야 성공합니다. 내가 사랑하는 일을 하면 내 모든 것을 투자해서 크게 성공하게 됩니다. 사랑하면 열정이 생깁니다. 열정으로 힘차게 나아갑니다.

　나는 하루빨리 시작해서 성공하는 일을 하나씩 차분히 했습니다. 하루하루 최선을 다해 행복하게 일했습니다. 당신의 성공은 시간이 길든 짧든 당신이 하기 달렸습니다.

　시간을 천재적으로 다스려야 합니다. 나처럼 하루에 3시간만 일하십시오. 3시간만 일해도 충분히 잘 할 수 있습니다. 나머지 시간은 내가 사랑하는 가족과 시간을 보냅니다. 행복을 위한 시간을 보냅니다.

　당신은 성공하고 싶습니까? 그렇다면 지금 성공하는 일을 시작하십시오. 단기간에 책을 써내고 평생 당신이 사랑하는 책을 계속 써내십시오. 강연도 하고 사업도 하십시오. 나는 바로 움직입니다.

제 6 부 "성공하고 행복하려면 생각을 바꿔라" - 장열정
이루면 행복하고 미루면 후회한다

당신은 꿈을 이루고 있습니까? 미루고 있습니까?

나는 내 꿈을 이루고 있어서 행복합니다. 내 꿈은 노후에 이룰 수 있다고 생각했습니다. 이보다 어리석은 일은 없습니다.

나는 학창시절에 큰 꿈이 없었습니다. 동네에서 축구 잘한다는 소리를 들어서 그런지 축구 선수가 될 것이라는 생각은 있었습니다. 고등학교 3학년이 되어서야 '내 생각은 현실로 이루어질 수 없겠구나.'라는 생각으로 그 꿈을 접었습니다.

고등학교 3학년 졸업 후 경영학을 전공해야겠다는 생각이 들었습니다. 이름을 제대로 아는 학과라고는 경영학과 뿐이었기 때문입니다. 나는 대학 입시를 준비하면서 엄청난 충격을 받았습니다.

내 진로 방향이 잘못되었다는 것을 깨닫게 되었습니다. 그동안의 학창시절이 아깝게만 느껴졌습니다.

나는 '왜 진로에 대해 미리 알려주는 사람이 없지?'라는 생각에만 사로잡혀 있었습니다. 지나 온 세월이 너무 허무하게 느껴졌습니다. 충격 그 자체였습니다.

나 혼자 힘들어하고 있다가 주위를 둘러보기 시작했습니다. 주위 친구들도 나와 같은 모습이었습니다. 그 순간 안도감이 들었습니다. 나만 몰랐던 것은 아니었습니다. 그래서 그 시기를 아무렇지 않게 흘려보냈습니다.

그리고 대학 졸업을 앞둔 시점이 되었습니다. 나는 다시 그때와 같은 생각이 들었습니다. 졸업을 앞둔 모든 이가 진로 고민에 휩싸였습니다. 왜 똑같은 일이 반복해서 일어날까요?

친구들의 진로 기준은 회사 인지도와 연봉이었습니다. 대부분 인지도가 낮아도 연봉이 높으면 이력서를 넣고 취업의 문을 두드렸습니다.

나는 그렇게 하기 싫었습니다. 취업에 대한 마음을 접고 공부하기 시작했습니다. 사실 공부가 목적이 아니었습니다. 나만의 시간을 가지고 싶었습니다. 나는 매일 도서관에서 진로에 대해 고민했습니다. 꿈에 대해 생각해보는 시간을 가졌던 것입니다.

나는 꿈을 향해 지금 바로 달려갈 수 없다고 생각했습니다. 나는 '내 꿈은 노후에나 이루어지겠군. 그때를 위해 지금은 남들같이 일해야겠어. 마음에 들지 않더라도 직장에 다니면서 돈을 모아야겠다. 사회 경험을 해야겠다.'라고 마음의 결정을 했습니다.

당신은 지금부터 꿈을 이루고 산다면 가난해질 것 같습니까?

전혀 그렇지 않습니다. 나는 오히려 부요해졌습니다. 오히려 회사 다닐 때보다 수입도 늘었습니다. 나는 마음도 부요해졌습니다. 눈치보고 싶어도 눈치 볼 사람이 없습니다. 왜 굳이 마음의 병까지 얻으면서 직장에 다닙니까? 왜 월급도 잘 오르지 않는 직장에서 묶여 있습니까? 그럴 이유가 없습니다.

당신은 꿈을 이루기 위해 회사에서 나와야 합니다. 당신의 꿈을 이뤄야 합니다. 하나님께서 당신에게 부요함을 주셨습니다. 당신은 부자입니다.

나는 마음이 부요해졌습니다. 마음이 부요해지니 저절로 물질까지 부요해졌습니다. 부자는 더 부자가 됩니다.

부자라고 믿으면 더 부요해집니다. 간혹 이렇게 물어보는 사람이 있습니다. 마음의 부자는 실제로 가난할 것 같다고 합니다. 나는 그렇게 생각하지 않습니다.

'부자학'이라는 말이 있을 정도로 사람들은 부자에 대해 연구하는 것을 좋아합니다. 부자들을 연구해 보면 그들은 모두 억만장자 마인드를 가졌습니다.

부요 믿음으로 진정한 억만장자가 됩니다. 가난한 마음으로는 모든 것이 가난하게 보입니다. 가난한 선택만 하기 때문에 가난해지는 것입니다.

당신도 이제 부자가 되어야 합니다. 당신이 가장 먼저 해야 할 일은 바로 억만장자마인드를 가진 마음의 부자가 되는 것입니다.

하나님은 나와 당신이 마음의 부자가 되기를 원하십니다. 나는 마음의 부자입니다. 하나님께서 내 부족한 부분을 몇 배로 채워 주시기 때문입니다. 하나님은 당신도 부요해지는 것을 원하십니다. 당신은 그럴 자격이 있습니다.

내 부모님께서는 마음의 부자입니다. 부자처럼 생각하니 부자가 되었습니다. 내 어린 시절은 부요하지 못했습니다. 하지만 내 부모님께서 마음의 부자가 되니 재산이 몇 배로 많아졌습니다. 내 부모님께서는 마음부터 달라지신 겁니다.

나도 스물아홉에 내 집이 생겼습니다. 나는 저지르는 것을 좋아합니다. 저지르고 한 번도 수습하지 못한 적이 없습니다. 하나님께서는 항상 몇 배로 더 채워 주시기 때문입니다.

하나님께서 채워 주실 거라는 믿음이 없었다면 불가능한 일이었습니다. 믿음이 없었다면 난 저지르지도 못했을 것입니다. 그랬다면 스물일곱에 결혼도 못했을 것입니다. 내가 저지르지 못했다면 사랑스러운 딸도 보지 못했을 것입니다. 그랬다면 사랑하는 아내와 딸들과 함께 산책도 못했을 것입니다.

당신은 그동안 어떻게 살았습니까?

나는 평생 마음의 부자로 살 것입니다. 마음의 부자에게는 돈도 뒤로 따라오게 됩니다. 돈을 경영하게 됩니다. 당신도 평생 마음의 부자로 모든 것을 누리며 행복하게 사십시오. 이것이 바로 하나님의 방법입니다. 이것이 당신을 향한 하나님의 사랑입니다.

제6부 "성공하고 행복하려면 생각을 바꿔라" – 장열정

천국같이 살다가 천국으로 가라

당신은 산책과 여행을 합니까?

나는 매일 산책합니다. 나는 아내와 자녀와 함께 매일 산책합니다. 나는 산책에 대한 깨달음을 얻었습니다.

나 혼자 창업이라고 해서 혼자 하는 것이 아닙니다. 나는 내 안에 살아 숨 쉬고 계시는 성령님과 함께 합니다. 하나님을 믿는 사람들에게는 성령님이 우리 안에 들어와 계십니다.

사람들이 보기에는 나 혼자 창업하고 나 혼자 사업을 하는 것 같지만 사실이 아닙니다. 나는 지금 성령님과 함께 세계로 갑니다. 큰 꿈을 가지고 땅 끝까지 복음을 전하러 갑니다.

나는 나 혼자 창업을 성령님과 함께 하는 산책이라 말합니다.

첫째, 산책은 나와 성령님과 대화하는 최고의 시간입니다.

나는 산책이 성령님과 온전히 교제할 수 있는 최고의 시간이라는 것을 깨달았습니다. 성령님과 행복을 누릴 수 있는 최고의 시간이었습니다.

둘째, 산책과 여행은 가족의 행복입니다.

산책을 나오면 마음의 여유도 생기고 아내와 자녀도 정말 좋아했습니다. 산책은 행복해지는 방법이었습니다.

셋째, 인생은 성령님과 함께 걷는 산책입니다.

내가 인생을 산책처럼 해야 하는데 인생을 노동처럼 하고 있습니다. 산책을 하면 부요 마인드가 생깁니다. 산책을 하면 신나게 뛰놀고 자유를 얻게 됩니다.

나는 평생 성령님과 함께 산책합니다. 비가 올 때나 눈이 올 때나 햇빛이 쨍쨍할 때나 성령님과 함께 동업합니다. 나는 성령님과 평생 함께 동업하다가 천국으로 갑니다.

성령님과 함께 하는 삶은 의롭습니다.

성령님과 함께 하는 삶은 성령 충만합니다.

성령님과 함께 하는 삶은 건강이 넘칩니다.

성령님과 함께 하는 삶은 부요가 넘칩니다.

성령님과 함께 하는 삶은 지혜가 넘칩니다.

성령님과 함께 하는 삶은 평안이 넘칩니다.

성령님과 함께 하는 삶은 영원한 생명이 있습니다.

나는 성령님과 함께 천국같이 살다가 천국으로 갑니다.

나 혼자 창업

초판 1쇄 인쇄 | 2017년 4월 23일
초판 1쇄 발행 | 2017년 5월 09일

지은이 | 장열정
발행인 | 최선미
발행처 | 백배미디어
등록일 | 2016년 4월 27일, 제2016-52호
주소 | 서울특별시 송파구 잠실동 백제고분로 11길 23-1 301호
전화 | 02)572-6165, 010-6567-6334
메일 | jgivemg@naver.com

본 제작물의 저작권은 '백배미디어'가 소유하고 있습니다.
저작권법에 의하여 한국 내에서 보호를 받는 저작물이므로
무단 전제와 무단 복제를 금합니다.

979-11-959544-3-8 03320

책값 2만 원